評伝 日本の経済思想

渋沢栄一

「道徳」と経済のあいだ

見城悌治

日本経済評論社

はしがき

「運命の寵児」「時代の児」と評された男

渋沢栄一（一八四〇〜一九三一年）は、九一年もの長い人生を、常に社会の第一線に関わりながら過ごした人物である。しかも、その時間は日本社会が未曾有の変動を遂げた幕末から昭和初期という時間と重なる。

下級武士から教育家・言論人への転身を「一身を二世に生きる」と表現した福沢諭吉（一八三四年生まれ）は、渋沢の「兄」世代に当たる。ところが、この福沢が一九〇一年に死して後、さらに三〇年余りも、渋沢は日本社会や世界との関わりを保ち続けた。のみならず、渋沢は、農民、武士、官僚、民間企業家、社会事業家、と少なくとも五回役どころを変えており、その意味では、福沢以上に稀有な人生を送った人物である。

明治後期の代表的総合雑誌『太陽』の「月旦評論」欄で人物評を担当していた鳥谷部春汀は、同誌一九〇〇年四月号で、現役の実業家・渋沢栄一の活躍を描き出す中で、「彼は実に運命の寵児なるかな」と位置づけた。一方、渋沢の死後、『渋沢栄一伝』（一九三九年）を書き下ろした幸田露伴は、「栄一に至っては、実にその時代に生まれて、……時代の要求するところのものを自己の要求とし、時代の作為せんとする事を自己の作為とし、……長い歳月を克く勤め克く労したのである。ゆえに……栄一は渋沢氏の家の一児として生まれたのは事実であるが、それよりはむしろ時代の児として生まれたといった方がよいかとも思われる。……実に栄一は時代に造り出されたものであるからである」と、いかにも文学者らしい評価を渋沢に与えている。

「歴史」の記録者としての渋沢栄一

確かに、渋沢はその「運命」を前向きに受け止め、「時代」の要求や作為を自己のものとし、それを現実化してきた。また、特筆されるべきは、そうした「運命」を自覚していたためか、渋沢は自らが「時代」を記録することに相当なエネルギーを注いでいることである。自伝や回顧録の類を残す知識人は少なくないが、渋沢の場合は、質量ともに膨大な記録を残し、それによって「時代」を証言し、また活写しようとしているのだが、それは彼の思想的個性として重視されるべきであろう。

自らの歴史的役割を記録化する作業を行なっていく渋沢が、最初にまとめた回顧は『雨夜譚』である。これは、子弟に請われ、四七歳前後であった一八八七年に、幼時から大蔵省を退官する一八七三年までの三三年間を語った自叙伝であった。これは親族内記録に留められていたが、渋沢の還暦記念として、一九〇〇年に出版された『青淵先生六十年史』に収められ、一般の目にも触れるようになった。

この『青淵先生六十年史』（「青淵」は渋沢の号）は、上下二巻、総頁数二二〇〇余頁にも及ぶ浩瀚な大作である。著書の副題には、「一名近世実業発達史」という個人の伝記とは思えない名づけが与えられていたが、編集責任者の阪谷芳郎（財務官僚、渋沢の娘婿）は、「先生の歴史は近世本邦六十年間実業発達の歴史と全く密着して離るべからず。先生の歴史はすなわち近世実業発達史なり。近世実業発達史はすなわち先生の歴史なり」との認識に基づく編集をおこなったためである、と述べた。全六〇章から成る同書には、その名に違わず、渋沢が六〇歳までに関わってきた多面的事業が収められている。同書は「実業」関係に四九章もが割かれているなど、渋沢の「六十年」が「実業発達史」と不可分であったことを否応なく認識させる構造になっていた。

一九二七年には、『青淵回顧録』と題する上下二冊（計一五〇〇頁余）が、渋沢の「米寿記念」として発刊されている。下巻の後半には、実業家等九三名が渋沢について述べる随想が集められている。この部分だけでも総計二八〇頁余りものボリュームになっているが、それは同時代における渋沢観が俯瞰できる貴重な資料になっている。また渋沢が没した後の一九三七年には、『渋沢栄一自叙伝』と題する著作が、これまた千頁を優に越える大著として出版された。

さらに、特筆すべきは、渋沢死後に彼をめぐる史資料を、関係者が網羅的に収集整理し、長い時間と労力をかけ、『渋沢栄一伝記資料』（竜門社編、一九五五～一九七一）として編纂発刊したことである（本書でこの資料から引用する場合は、以下、『伝記資料』と略記する）。この資料集全六八巻（五八巻＋別巻一〇巻）は、研究者も全面的に使いきれていないと言われるほど根本的でかつ膨大なものであり、それは「歴史」を記録しようとした渋沢の遺志を形にしたものと言える。

同時代における渋沢栄一の役割――評伝作成とその意義――

渋沢栄一の評伝については、在世時も含め、少なからず存在するが、「思想史研究」の対象として取り上げたものはほとんどない。本シリーズは、狭義の知識人だけではなく、社会の現場に関わった人物を広く取り上げ、その「思想」を看取しようとする点に特色を持つが、渋沢栄一はその意図に最も適う人物の一人と言える。

つまり、青年期が幕末であった渋沢は、経済学・経営学を体系的に学んだ知識人ではなかった。自らの経験と実践の中で成果を出し、それを己の旨としてきた実践家が渋沢であった。その渋沢を育ててきた社会的文化的環境の「思想」を顧みること、それらを吸収習得し、彼自身が育んでいった「思想」を読み取っていくこと、さらにまた渋沢が積極的自覚的に鼓吹しようとしてきた「思想」を検討することは、重要な課題になってくるだろう。

ところで、渋沢の講演がきわめて能弁であったと評価する書物がある。六四名の雄弁さを紹介する小野田亮正『現代名士の演説振』（一九〇八年）がそれで、渋沢について、「男〔渋沢男爵〕は、実業家中唯一の能弁家である」。「氏の弁舌は抑揚あり波瀾あり。自から一種の体をなして居る。またその弁舌よりは、その事柄に非常の価値があるので、兎に角一異彩を放った演説振りであるのだ」。「口調が比較的平易だから、爺さん婆さんたちにもよく解かる」と評していた。

本書では、「時代の要求するところのものを自己の要求としてきた」と後に評されることになる渋沢栄一が、「時代」との関わりを意識し、時には「歴史」に足跡を残そうという意図の下で、彼が行なった講演や回顧の類を多く引用することによって、渋沢が求めようとした「時代の思想」を浮かび上がらせる手法を取っていく。

渋沢「翁、すでに多く自身を語り、自叙伝、準自叙伝を作り、世間の耳目、すでに翁の一代記を聞くに飽きたりといえども、我らよりこれを見れば、畢竟、翁一人の世間に提供したる容体書に過ぎず。……すでに容体書を作りたる上は、その診断は、すなわち史家の権威に任せざるを得ず。……これ〔渋沢が書いた自叙伝＝容体書〕に依りて、診断書を作るは我らの分内〔歴史家の専門〕のことなり。……どこまでも傍観者の態度を取り、世間の舞台の外に立ちて、無遠慮の批判を試むるは、我らの役目なり」云々。

渋沢の演説振りのスケッチ
小野田亮正『現代名士の演説振』博文館、1908年（『明治文学全集』第96巻、明治記録文学集、筑摩書房、1967年）

この文章は、在野の史論家として知られていた山路愛山が、一九一六年に渋沢論を執筆した時の姿勢を示したものである（山路「近世史、現代史における渋沢翁の位置」『山路愛山選集』第一巻、一九二八年、所収）。そこで、山路はさらに加えて「史家の権威などと威張り得べきにあらざれども、……岡《〔傍〕》目八目（第三者には当事者以上に物事がわかること）だけの得はあるべし」とも述べ、「外」からの視点を強調した。

本書では、限られた紙幅の中で、渋沢自身の発言や叙述を多く引用し、それに適宜の論評を加えるスタイルを取るが、それは渋沢を「内」から弁護しようとする立場ではもちろんなく、ある意味では愛山的な方法に呼応するものである。本書での渋沢に対する評価は「傍観者」的に流れる側面がままあるが、それは一方的な信奉礼賛、また一方的な否定嫌悪の立場を取らないよう心がけたためでもある。

そして、渋沢自身の発言、自己認識を中心に再構成することによって、「時代」の中での渋沢の位置を定めていこうとするが、とりわけ、渋沢栄一の「経済」観、「公益」観について、さらには、彼の行動の下支えになったと自身で述べることになる「論語」観やそこから派生する中国観などを中心に論じていきたい。

本書での凡例について、簡単に触れておきたい。

史料引用に際し、旧漢字は新漢字に、旧かなづかいは新かなづかいに、「カタカナ」書きは「ひらがな」書きに、それぞれ変えた。また、難読と思われる字には振りがなを適宜ふるとともに、一部の漢字はひらがなに変えた。「……」は、引用者による中略を、〔　〕の中は、引用者による註記が加えられていることを、それぞれ示している。

また、暦の表記についてだが、一八七二年一二月三日までは、原則として「陰暦」にしたがっている。

なお、本書で用いる写真や図版は、断りのない限りすべて渋沢史料館（東京）から提供を受けたものである。記して謝意を表したい。

目 次

渋沢栄一（古稀記念写真、1909年）

第1章　「合理的精神」の形成——農民の子としての渋沢栄一——

1　生家の環境

血洗島の渋沢一族

渋沢栄一が生まれたのは、一八四〇（天保一一）年二月一三日、武蔵国榛沢郡血洗島村（現埼玉県深谷市血洗島）である。幼名が市三郎であったことから分かるように、兄二人がいたが、それぞれ夭逝し、実質的には「長男」として育てられた。渋沢家で幼時に亡くなった兄弟姉妹は八名にものぼり、成人まで生きながらえたのは、姉と妹それぞれ一名だけだった。江戸末期では豊かな農民の子でも、成人するのが困難であった社会的背景をうかがわせるが、渋沢自身は後年、「早く逝った兄弟の分まで寿命はある」と語り、実際に九一年もの長命を全うした。

当時の血洗島には、渋沢一族が多く住み、その家の位置から「東ノ家」「西ノ家」「中ノ家」などと区別されていた。渋沢が生まれたのは、岡部藩主の御用達とされ、名字帯刀を許される地域の中心的家であった「中ノ家」だった。父・市郎右衛門は「東ノ家」からの婿養子であり、家業に務めるだけでなく、儒学を積極的に学び、詩歌や俳諧もたしなむ村の知識人であり、また母・栄《エイ》は慈しみ深い人物であったと伝えられる（渋沢栄一『雨夜譚』、一八八七年口述。以下、少青年期の叙述は、断りのない限り同書からの引用である）。

血洗島の人文地理的環境

渋沢の生家「中ノ家」が有していた土地は、一七世紀半ばでは、田畑屋敷あわせて八反二畝一八歩（約八〇〇〇平方メートル）で、村内三〇戸中二一番目の小農にすぎなかった。しかしながら、渋沢が生まれた頃は、一町九反五畝一八歩（約二万平方メートル）あまりを所有するまでに成長し、「東ノ家」に次ぐ二番目の土地持ちとなっていた（井上潤「少・青年期の人間形成」『公益の追求者・渋沢栄一』）。「自分の家で作った藍は勿論、他人の作ったものまでも買入れて、それを藍玉に製造して、信州や上州、秩父郡辺の紺屋に送って、追々に勘定を取る、俗にいう掛売商売と唱えるもの」をやっていたと渋沢は回顧している（『雨夜譚』）が、商品作物であった藍玉の生産と販売による収益増加が、土地集積に結びついていったのである。

また血洗島の場所が中仙道の陸運と利根川水運に隣接した地域であったことも、渋沢の経済感

渋沢の生家（血洗島）
焼失したため、渋沢自身が再建したもの

覚を涵養していった背景と考えられる。
すなわち、血洗島村の南に中仙道の深谷宿（江戸から二〇里余）があったが、本陣一軒、脇本陣四軒のほか八〇軒あまりの旅籠を備え、人口も二〇〇〇名ほど（一八四三年の「宿明細帳」）いた深谷は、人の往き来が盛んな商業地であった。また利根川の中瀬河岸を利用できたことも、藍の肥料購入や藍玉等の商品作物の扱いにきわめて有利であった。たとえば藍栽培には、人糞のほか干鰯肥料が必要であったが、血洗島は、利根川水運を通じ九十九里からそれを容易に入手できる地理的環境にあったのである。

商品作物としての「藍」

藍の原料仕入れは、現金決済が求めら

れるとともに、仕入れの時期も一時期に限られるなど、資金運用が難しい商品であった。父・市郎右衛門は、各地に出向き、出来不出来の論評をしながら藍葉の買い付けをすることを常としており、渋沢は父の口上を見よう見まねで覚えていくようになった。一四歳で初めて一人で買い付けに行った時には、生産農家が驚くほどの交渉駆け引き力を示したという。

また仕入れに慣れるに従い、たとえば藍を買い入れた後、その良否によって番付を作成し、良い藍を作成した人を宴席に招待し、生産者のやる気を引き出す工夫をするなどの改良を重ねていった。こうして、買い付けた藍玉を、信州に六、七〇軒、秩父に二〇軒あまりあった懇意の紺屋に売り払う作業を繰り返すなかで、渋沢は後年開花する商才を培っていったのである。

父母からの薫陶

父・市郎右衛門の性格について、後年渋沢は、「方正謹直で、一歩も人に仮すことの嫌な持前で、いかなる些細の事でも、四角四面に物事をする風でありました」。また「人に対してはもっとも慈善の徳に富んでいて、人の世話をすることなどはいかにも深切〔親切〕であった。そうしてその平素から自ら奉ずる所はいたって倹約質素で、ただ一意家業に勉励するというすこぶる堅固な人でありました」と語っている（『雨夜譚』）。

その父から、一五歳ころに厳しく叱責されたことがあった。それは、叔父と一緒に江戸に出た際、古くなった自身の硯を買い替え、本箱とともに一両二分で購入したためである。帰宅後、その硯があまりに立派なのを見た市郎右衛門は、「物には権衡というものがある。身分不相応なことをするようでは、この家を維持することが出来るかどうか心配だ。横道な不幸な子を持ったものだ」と立腹し、また大いに嘆息した。一方の渋沢は父の態度に反発を覚えつつも、「己の分を守れ」という父の教えを少しずつ理解納得していったという（青淵「父晩香翁に就て語る」『竜門雑誌』一九三〇年五月号）。この思い出は、父の教えによって自身の経済観念が養成された逸話として、後年繰り返し語られることになる。

一方、母からの影響も大きかった。すなわち、母の栄は慈悲深い性格の持ち主であり、困窮している人の面倒を見ることが多かった。たとえば不治の重病と当時認識されていたハンセン病患者に対し、食べ物を与えたり、背中を流す手伝いをした。近隣住民はその患者を避けることが多かっただけに、栄の無私な献身ぶりが際立つものであったと言う。

渋沢は後年社会事業への関わりを強く持ち、たとえば「癩予防協会」等の募金集めに奔走することになるが、そうした行為の背景には幼時に母から受けた薫陶があったとされる。

2　少年時の思想形成

少年時代の「合理」的思考

渋沢の少年時の逸話を『雨夜譚』から、もう一つあげておきたい。

ある日、渋沢宅に来た霊媒師が憑依を装い、渋沢の「姉の病の原因は、五、六〇年前の無縁仏のタタリである」とほのめかした事があった。渋沢は「その頃の年号は？」と冷静に尋ね、誤った回答をした霊媒師に、「年号を間違えるようでは、その見立てもはなはだ怪しい」と批判を加え、撃退したとされる。

これは、後年の渋沢が、「私は少年時から非合理を見抜く眼力も蓄えていた」と強調するための自慢話の一つではある。渋沢は、この撃退の数年後に、今日から見れば、非合理的色彩の強い攘夷実行を画策するなどのブレを見せることもあったが、その中止を決断したことなど、自らの思考を切り替える素早さは確かに持っていた。まして、維新以降はそうした発想で成功を納めており、少年時にまで遡って、自らの「合理」的思考を自讃するのも、故あることだった。

封建的権威主義への反発

幕末の渋沢一族は、深谷近在の資産家に成長しており、その売り上げは、年間一万両にも達する経営ぶりであったと言う（前掲、井上「少青年期の人間形成」）。そのため、岡部藩領主安部摂津守の御用達に任命され、金銭献納で無理難題を押し付けられることも少なくなかった。

渋沢が一七歳になった時、父の名代で陣屋に出かけると、代官・若林某から「御用金を五〇〇両払え」という居丈高な厳命を受けた。それを疑問に思った渋沢は「父と相談してから返答する」と答えたところ、代官から罵倒された。罵られながらも即答を避けることを得たが、父親はその顛末を聞くと、「それが泣く子と地頭だ」と言って、結局は支払いをせざるを得なかった。

渋沢は、後年この出来事を「かの代官は、言語といい動作といい、決して知識のある人とは思われぬ。かような人物が人を軽蔑するというのは、一体すべて官を世世するという、徳川政治からそうなったので、もはや弊政の極度に陥ったのである。……自分もこのさき今日のように百姓をして居ると、彼らのような、いわばまず虫ケラ同様の、智恵分別もないものに軽蔑せられねばならぬ、さてさて残念千万なことである。これは何でも百姓は罷めたい、余りといえば馬鹿馬鹿しい話だ」（『雨夜譚』）と、自身の人生の転機になった大事件であったという位置づけをしている。

多少後づけ的な説明も含まれるが、たしかに代官所の下級武士から、非合理な金銭を要求された怒りなどが、身分制の理不尽さへの気付きや幕府批判へつながり、まもなく渋沢を尊王攘夷運動へ駆り立てる一つの要因になっていったのだろう。それのみではなく、この認識は、明治以降の渋沢が展開していく「官尊民卑」の思想を生み出した原点としても、強く位置づけられていくことになるのである。

ペリー来航と異なる人生への転機

一八五三年、浦賀にペリー提督率いる黒船がやってきた時、渋沢は弱冠一三歳であった。血洗島周辺でも、「黒船来たるの噂はたちまち田舎にも凄まじく響いて大変な評判となった。ヤレ日本の小船が何十艘行っても黒船の周囲が囲めぬとか、ヤレ梯子を掛けても登れないとか、黒い火事のような煙を吐いて自然に歩くとか、三人寄れば黒船の話で持ち切り」になったと言う（渋沢「実業界に於ける教育程度低き人物の立身」『竜門雑誌』一九一三年五月号）。こうした噂話は、全国各地に広がったとされるが、浦賀からさほど遠くない武蔵国血洗島であれば、より現実味を帯びて受け止められたものと想像される。

江戸時代後期、関東平野の一隅で、藍玉の商いなどで生計を立てていた農民・渋沢の当初の将来像は「良農となりて、農事に幾許の新知識でも加えて、一村一郷の公益を謀」り、社会の変化に対応していこう、という程度の認識であった。しかし、黒船出現以降は、「これは百姓をしているよりは、この場合、微力ながら国家のために一身を犠牲にする外はない。すなわち尊王攘夷が主なる目的になって、遂に百姓というものに安んずることが出来なくなって、以前の目的は変更したのです」（渋沢「竜門社諸君に告ぐ」『竜門雑誌』一八九三年四月号）と転じる。

商品作物を扱っていた渋沢は確かに社会の変化に敏感であったが、黒船来航は一層大きな変革を予感していく。しかも渋沢は時代の傍観者としてではなく、変革の実践者として幕末の政治運動に身を投じていくことになるのである。

第2章　尊王攘夷意識形成とその転換——武士としての渋沢栄一——

1　「志士」としての奔走

尊王攘夷思想の修得

渋沢栄一は、五歳のころから、四書五経・文選・左伝・史記・十八史略・日本外史などを、父・市郎右衛門から順次学んでいた。また『南総里見八犬伝』などの勧善懲悪的な読み物も好んで手に取っていた。渋沢の古典理解があまりに速い事を懸念した父は、「文学に趣味を持つのはよいが、学者になるのではないから、かえって深く学んで学者肌になり、業務の方に関心を薄くしては困る」と、藍買入れや紺屋等への外回りに多くの時間を仕向けるようさえしたという。

しかし、渋沢は、父の教育に加え、七歳のころ（一八四七年）から尾高新五郎（惇忠）の私塾へ通いはじめていた。近隣に住む尾高は渋沢の十歳年上の従兄であったが、彼の教育方法は自由に広く学ばせるものだったため、渋沢の学問への興味関心は一層高まっていく。そして、この尾高から尊王攘夷思想を学んだことが、「業務に専心して欲しい」という父の願いに離反していく決定打になっていった。すなわち、尾高は、陽明学の手ほどきのほか、尾高自身が水戸遊歴経験を持っていたため、水戸学の講義にはとりわけ力が入った。そこから強い感化を受けた塾生たちは、おのずから幕府批判意識を醸成していった。

渋沢は、一八六〇年ころに至ると、尾高新五郎が攘夷を語った『交易論』を筆写したり、また大橋訥庵門人とも交わる中で、大橋の『闢邪小言』やアヘン戦争を記録した『清英近世談』を学び、同志と攘夷をめぐる議論を闘わせるようになっていた。また、師であった尾高は大政奉還論を説き、会沢安の『新論』を引用しながら、「尊王と排外主義から、幕府の外交の軟弱と統一のないことを深く慨し、さらに官民尊卑の弊まで論じていた」という（前掲「父晩香翁に就て語る」）。

さらに一八六一年からは、二歳年上の従兄・渋沢喜作と江戸に出て、儒学者・海保漁村（章之助）の塾で漢籍を改めて学ぶとともに、北辰一刀流で知られた千葉道場にも顔を出し、剣術の腕も磨いていった。またそこに出入りする有為の若者たちとの交友も、志士としての意識形成を促進していくことになる。

開国政策への不満と攘夷実行計画

血洗島周辺の若者たちの心を不安にさせていったのは、とりわけ一八五九年の開港によってもたらされた急激な社会変動である。渋沢は剣術の技術をあげる努力を続けるとともに、近隣の従兄弟たち――尾高新五郎、渋沢喜作らとともに国を憂える議論を繰り返し、またアヘン戦争の顛末に憤り、急進的な考えを醸成していった。

そして遂には、高崎城を占拠した後、横浜へ攻め上り、外国人居留地を焼き打ちしようという計画を立案するに至る。一八六三年八月頃のことであった。往時の意識について、渋沢は「当時予は、欧米諸国はすべて他国を侵略するを事とする国なりと思えり。かの英国が支那に対して、アヘン戦争をなし、支那の領土を占領せしがごとき、強く吾人の排外的思想を鼓舞し、諸外国を夷狄《いてき》の国なりと思惟せしめ、これを恐れ忌ましむるに至れり」（渋沢「講話」『日米関係委員協議会報告書』三五、一九二〇年）と後に語っている。イギリスをはじめとする欧米諸国が野蛮であることをアヘン戦争によって認知し、恐れと憎しみを培ってきたというのだ。尊王思想の生成についても、「尊王攘夷というけれど、実は攘夷尊王という順序であった。……一般人士の尊王を論ずるようになったのは、むしろ外国というもののあることを知って、それに対するよりして、一国に二個の君主のある道理はないという処から、遂に尊王論が発達し、事実問題になって来た」（渋沢「近世史談緒言」『竜門雑誌』一九〇二年一月号）と語り、ペリー来航により現実化した排外意識と水戸学などの修得が相俟って、尊王論が急進的に育まれてきたと理解する後年の渋沢であった。

父との「忠孝」論議

高崎城焼討を実行することは、長きにわたり、渋沢を慈しんでくれた両親に迷惑を掛けることに繋がる。ダメージを少しでも避けようと父・市郎右衛門に渋沢は勘当を願い出た。「いかに百姓であるからとて、国のために働いてはならぬという理由はない。男子の責任は非常に重い。国民として黙っているのこそ、不忠の甚だしいものである。……国の存立にも関する時、国民としては身を捨てて立つことが必要で、これが男子の本分であります。……忠義がしたい」。それに対し、父親は「自分たちの望みを達するためには、親や妻子はどうなってもよいと言うのか」と抗弁し、熱い議論が闘わされた。

最終的には「勘当」の形こそ取らなかったが、渋沢の意向が認められる。父親は最後に「私は今まで孝行は子がするものだと思っていたが、今はじめて孝行は親がさせるものであるということが分かった。俺はお前に不孝をさせたくないから同意する。実際出奔して不孝の子とするより、広く考えてお前の能力を尽させ、孝行となるようにさせるべきだと思って許す訳だ」と言い渡したという。後年の渋沢はそれを「真に至言である」とまとめている（前掲「父晩香翁に就て語る」）。

なお、「国民としての自覚」という認識はもちろん江戸期には存在していなかった。渋沢が父親に対し主張したのは、せいぜい「憂国の志士」に連なろうとする必死の思いであったろう。それに対し、父は「孝」を前面に出し、押し止めようとした。渋沢は周知の通り、後年「論語」の教えを喧伝していくが、その読み方を渋沢に伝授した父自身は、何よりも「孝」を重んじていたという事実は興味深い。水戸学の影響から、やみくもに一本気な「忠義がしたい」と訴える若い世代に対し、近世末期の豪農知識人層たる父親は、「忠」をめぐる観念的な議論を明確に排していたことが伺える逸話である。

従弟の説得による蜂起の中止

父親から、家を離れることの同意を得た渋沢は、同志たちと刀や槍といった武具を購入し、準備を着々と進めた。ともに決起することを諾した同志は六九名であったという。しかしながら、実行直前に京都から戻った尾高新五郎の弟・長七郎が、時勢の急速な展開を論じ、その中止を諫言した。皆は、その予想外な発言に戸惑い、その「変節」を詰《なじ》り、激しい論議となった。京都の現実を見ている長七郎は、決起の無意味さを粘り強く語り続け、双方とも刀の柄に手が掛かるほどまでの緊迫状態にもなったという。しかし、最終的には長七郎の必死さを理解し、思い止まる決意に至る。攘夷決行日と目した一一月二三日を前にした一〇月二九日のことであった（『雨夜譚』）。つまりは、長七郎の現実認識と命を掛けた説得により、渋沢たちは早すぎる無駄死を回避することができたのである。

2　一橋慶喜の家臣から幕臣へ

京都への亡命と「武士」への転換

攘夷計画を断念した渋沢は従兄の渋沢喜作とともに、この情報による捕縛を避けるため、「お伊勢参り」を口実として、一八六三年一一月、京都に逃れていく。

両名が到着した京都は、激動する幕末政治のまさに中心地であった。そこで渋沢は様々な人士に接していく。とりわけ江戸の海保塾や千葉道場に通っていた折、顔見知りになっていた一橋家の用人平岡円四郎との再会は、後にきわめて大きな意味を持つ。平岡は京都御所警護に任ぜられた一橋慶喜に帯同しての在京であったが、懇意の交際を重ねていくことになる。

そうした折柄、渋沢等の攘夷決行中止を必死に説いた従弟の尾高長七郎が関東で捕縛される事件が起った。しかも悪いことに、尾高から押収された書類の中に、渋沢が幕府批判をした手紙も含まれており、渋沢もブラックリストに載る羽目になったのである。

京都の平岡円四郎も、渋沢たちに嫌疑がかけられる可能性を知るようになった。渋沢と従兄喜作の能力を評価していた平岡は、その将来を慮り、「一橋家に仕えるならば、安全を保障する」と、仕官を積極的に勧めた。両名は煩悶や葛藤を大いに抱えながらも、一八六四年二月に、一橋家に仕官する道を選ぶ。ここで、渋沢は二十数年来の農民身分を打ち捨て、武士身分を獲得するに至るのである。

一橋家用人としての活躍

一橋家における最初の職務は、「奥口番」という玄関番で、四石二人扶持だった。しかし、その仕事ぶりが認められ、「御徒士」を経た後、一年あまりで一七石五人扶持の「小十人」という身分に昇格した。さらには、二五石七人扶持の「勘定組頭」に出世する。

職に応じた成果を着実に上げていた渋沢は、勘定組頭でもその能力を遺憾なく発揮していく。その一つが「農兵」集めである。京都御所警護を任務としていた一橋慶喜は百名程度の兵備しか持っておらず、それを補うため、渋沢は一橋家の領地があった摂津・和泉・播磨・備中から農兵を募集する職務に就いた。この「兵隊組立御用」で最初に訪れた備中では、代官の妨害を受け、人集めに難渋したが、地元の儒者と議論したり、剣豪と勝負するなどのパフォーマンスが奏功して、最終的には同地で二〇〇名もの志願者を得ることができた。また摂津・和泉・播磨でも、合計四六〇名余りの農兵を集める事に成功している。

さらに農兵を募集する活動の中で地域の善行者（篤農家、孝子、節婦など）の表彰を実施し、領主たる一橋慶喜の評価を挙げていくような試みも併せて行っていた。

一橋家の収入を増やすための方途も思案している。そのために「摂津や播磨の上米を灘の酒造家に売り、白木綿は大阪商人に売れば、多くの利益を得ることができる。備中の領地からは硝石がたくさん取れ、これも製造販売の方法を考えれば、利を得ることができる」(『雨夜譚』)と提言し、すべてを実践した。硝石製造については、あまり成果が得られなかったが、米は相場よりも高く売れ、十分な利潤を上げることができた。また、播州木綿は新たに発行した藩札で、村人から買い上げ、大坂の問屋で売り、代金を収めさせる方式を取り、こちらも成果を収めた。特に、藩札は農民の必要に応じ、正金に替える仕組みで、その運用に留意したため、一橋家の財政安定に大いに貢献した。

幕臣への転換と戸惑い

商品作物を扱う経験により培ってきた経済感覚を武器に、順風満帆な成果をあげていた渋沢であったが、そこで予想外の出来事に直面する。

一八六六年七月、将軍家茂が急逝し、主君たる一橋慶喜が一五代将軍に指名されたのである。そもそも渋沢は、尊王攘夷の実行や幕府批判を念頭に置いて郷里を飛び出した「草莽の志士」であった。したがって、一橋家の家臣に就くのはともかく、幕臣となることは、根源的な矛盾であった。「この上もない不幸な場面に陥る」。「一つの不愉快なる事」。これらの表現は後世の表現だが、むべなるかな、の発言である。この運命に渋沢自身は、大きな戸惑いと煩悶を見せていく。

3　パリ随行と欧米社会への接触

フランス・パリ万博への派遣

そうした渦中、さらに想像を超える事態が渋沢を待っていた。それは幕末期の外交事情がもたらした僥倖――フランスへの派遣であった。

すなわち、幕府は、将軍慶喜の弟・徳川昭武を代表とする使節団をパリに派遣することを決定し、その随行者二五名の一人に、渋沢が大抜擢されたのである。

この使節団は英仏が幕末期の日本に接近するための駆け引きの所産であった。すなわち、イギリス公使・パークスの薩長接近に対抗し、フランスの在日公使・ロッシュは幕府との親近を強めることで、通商の主導権を握ろうとし、一八六七年にパリで開かれる万国博覧会への参加を働きかけたのである。

慶喜に仕官して三年足らずの渋沢が選出されたのは、備中地方での歩兵集めや理財をめぐる能力が評価されたためと言われる。こうした他者からの認識は別として、渋沢自身は「攘夷」論者であり、フランスも打倒すべき「夷狄」のはずであった。ところが、上司から打診を受けた渋沢は、ただちにそれを快諾している。「〔私は〕確かに攘夷論者であるけれども、自分は外国の事を知らぬ。知らずして、かれこれ言うより外国の事を知らねばならぬ。外国から学ばねばならぬ事も多い筈である。これらのことを考慮されての上の慶喜公の思召には敬服するゆえに、喜んでお受けをする次第である。お伴をする限りは外国方とお附きの人々との間に物議を起させぬよう、臨機の処置を採るに努力する覚悟である」（青淵「諸々の回顧（一）」『竜門雑誌』一九二五年五月号）と、その時の心境を後に語っている。

「物議を起す側から起させぬ側へ転じようとした」というこの述懐は、後世の弁護的要素が強いであろう。しかしながら、当時「幕臣」としての地位に留まるべきか否かを煩悶していた渋沢にとって、その現状を脱する絶好のチャンスが、フランス随行であったため、それを容認したことは、想像に難くない。しかも、その決断によって得られた貴重な体験が、渋沢の人生針路を大きく転回させていく要因になっていくのである。

船上での「西洋」体験と攘夷観の払拭

徳川昭武一行がフランス郵船アルヘー号にて、横浜港を発ったのは、一八六七年一月一一日であった。

船中での食事という日常的営みの中で、さっそく渋沢は「西洋」と遭遇する。「テーブルの上でお茶〔紅茶〕を呑む。お茶の中には、必ず砂糖をまぜ、パン菓子を出す。また豚の塩漬〔ベーコン〕などを出す。バターという牛乳が固まったものをパンへ塗り、食べる。味わいはとてもすばらしい。……コーヒーという豆を煎じたる飲み物を出す。砂糖、牛乳をまぜ、これを飲む。たいへん胸中を爽やかにするものである」(渋沢『航西日記』巻之一、旧暦一月一二日付け。漢文書き下し調の原文を現代語に書き換えている)。

これは船上での西洋食体験の描写であるが、渋沢は未知の文化に対し、積極的かつ貪欲に挑もうとする態度を有していた。思えば、農民ながら尊王攘夷運動に身を投じ、さらにまたその立場と矛盾する幕臣への転身を諾するなど、きわめて現実的な判断・選択が渋沢の持ち味であった。とりわけ「日本」という枠から物理的に飛び出すことを得た欧米体験は、渋沢を偏狭な攘夷主義から遠ざけていく。このあたりの心の推移について、後世、渋沢は次のように整理している。

フランスで撮った侍姿の渋沢

「まだまだ攘夷の夢は決して醒め切らぬ間に、海外行を命ぜられまして、旅行に出たのですから、どうもその頃は、とかく欧米諸国を目して夷狄禽獣《いてききんじゅう》と言うことを大きな声で言った。……この海外行において、眼に触れ耳に触れることに付いて、必ず憤激扼腕のことが多かろう。終には怒髪衝冠と言うくらいにまで成り行きはせぬかと、自らも思いつつ旅行をした。しかるにこの旅行の間に段々と軟化しました。上海に行くと少し軟かになり、それから向うへ行けば行く程恐入って、もうパリあたりへ行くと……『もうこれからは仕方がない。おれ達が一生懸命学ぶほかない。夷狄禽獣と思った了簡は失せて、とても我々は勝てぬ。これを師として学ぶほかはない』と、こういう風に軟化したのです」（渋沢「欧米視察談」『国家学会雑誌』一九〇三年六月号）。

船に乗り、西洋に近づくほど肝が据わり、「師として学ぶほかはない」という結論に至る転換の素早さは、渋沢が現実的思考の持ち主であったことを証明する逸話と言えよう。

渋沢が欧州から学んだ三つのもの

徳川昭武一行は、横浜を出航後、上海・香港・サイゴン・シンガポールを経、さらにインド洋を横断して、カイロに到着した。当時スエズ運河はまだ出来ておらず、カイロからは陸路でアレキサンドリアに行き、地中海では再び船に乗った。そして、マルセイユ港に到着したのは、日本を経ってから五九日目であった。

パリ万博の式典に出席した後、昭武や渋沢等は、スイス・オランダ・ベルギー・イタリア・イギリス等を歴訪した。この滞欧で、見る物聞く物すべてに驚いた渋沢が、とりわけ感銘を受けたものとして、後年挙げるものが三つある（渋沢「講話」『竜門雑誌』一九一五年一月号）。

第一は、フランスは日本のような官尊民卑の思想がないことである。使節団の接待役であった銀行家フロリヘラルドと陸軍将校ヴィレットの関係は、武士（軍人）が、町人（銀行家）に一目置いている模様に見え、日本とはまったく様子が違う。曰く、「両者の接触するさまは官尊民卑の日本人の目から見ては驚くばかり親密で、遠慮なくいろいろ議論などするので、私は深い感銘と教訓を受けたのでありました。そこで私は政治家たることを断念し、商業、いうところの実業を振興し、官尊民卑の旧習を打破しようと考えたのであります」。

第二には、その銀行家フロリヘラルドが、金融に止まらず産業・流通にも詳しい経済人であったことである。有価証券や株式取引などについての彼の助言は、新しい知識を吸収するのに大いに役立った。とりわけ企業の株式組織について、小額の資本を集めて大規模な事業を行う「合本」制の巧みな運営に大いに感心させられたと語る。

第三は、ベルギー国王レオポルド一世が鉄鋼の売込みを直々に行ったことである。使節団がベルギーを訪問したとき、国王が徳川昭武に対し「ベルギーは、小国なれども国が富み、人が強い。すなわち、鉄の産出国であってまた鉄を使う所の国である。日本でもこれから鉄をたくさん使う国にならねば決して強くなれませぬ。強くなろうと思うならば、鉄をたくさん使わなければならぬ。その鉄はベルギーより買わなければいけませぬ」と強調した。これを聞いた渋沢は、「なるほど鉄をたくさん使う国は強いというのは分ったけれども、一方は国王、一方は公子だ。なるたけおのれの国の鉄をたくさん買えというは何事ぞ。日本の武士は金銭の事を人の前で談ずるのを恥として居る。しかるに王位にある人が一四歳の小公子に向って、鉄の売込の広告とは何事ぞ。これが果して真の文明か知らぬが、吾々の目から見れば、実に野蛮だと思った。しかし、その後に真義熟慮すれば、その野蛮と思ったのをかえって笑わねばならぬのである」。

ベルギー国王の態度を当初「野蛮」と受け止めた渋沢であったが、国王が率先して国の産業を富ます努力をするほどに経済発展は重要であることを理解するなかで、次第に考えを改めていくのである。

公債購入による利殖

昭武一行のパリ滞在時の生活費は、幕府によって支えられていた。また「留学の経費は、毎月五千ドルを幕府から送ってもらっていたが、倹約によって剰余がでたから、二万両を予備金とし、残りでフランスの公債証書と鉄道債券とを買ってきました」(『雨夜譚』)と、渋沢は利殖に挑戦する。経済的な遣り繰りに長けていた渋沢の面目が躍如する場面であった。

江戸幕府倒壊にともなう帰国の前に、これらの債券を売却すると、政府公債は買値と変わらなかったものの、鉄道債券は大きく値を上げ、「その時初めて、『会社というものの仕組と公債というものは、かようにして成立つものである。また売買されるものである。何程かある資本を蓄積するには最もよい方法である』ということを会得して、自分の国にはまだこういうものはなかったということを発明致しました」(渋沢「講話」『竜門雑誌』一九〇二年五月号)と言う。

渋沢にとってのフランス体験

「私は攘夷党からハイカラ党に帰化したものの一人である。……今のいわゆる経済論とでも言うべき種類のものは、その当時士大夫のこれを口にするを陋《いや》しとする所であった。……しかるに私は攘夷論を一擲するとともに、国家的見地よりしてどうしても経済主義の閑却すべからざるを信じ、徳川民部大輔に従って欧州に渡航している中、欧州の新形勢に視て、一層深く富国策の急務なるを了解するに至った」(朝比奈知泉編『財界名士失敗談』一九〇九年)。ここで渋沢が、渡航前から攘夷論を「一擲」したかに語っている文脈は、後世の脚色だろうが、欧州の実態に接するなかで「富国策の急務なるを了解」したというのは間違いないところであった。

徳川昭武に随行してのフランス滞在が、渋沢に与えた影響はきわめて大きかった。一八六七年一月から一八六八年の一一月にかけて二年弱は、渋沢に、封建社会によどむ日本社会とは異なり、日々世の中が変化する新しい時代の息吹を体感させたのである。晩年の回顧では、「日本は官尊民卑の弊が甚しく、経済的に非常に後れているから、自分の力で出来ることなら、日本へ帰ったら、その改善に力を尽して見ようとくらいに考えた」とも語っている(「雨夜譚会談話筆記」一九二六年一一月六日、『伝記資料』別巻第五。以下、同史料からの引用は「談話筆記」と略記する)。これらの海外体験とそこから得た新知識を、維新後の新しい社会の中に、積極的に根付かせ実現していこうとしたところに、渋沢の得がたい個性と歴史的役割があったのである。

4 静岡藩勤めと商業振興政策の試み

帰国

渋沢が昭武とともに、横浜港に戻ったのは、一八六八年一一月三日である。二年前の出港は将軍の弟の海外出発として賑々しく送り出されたのだが、幕府は倒れ、「敗者」としての寂しい帰国であったという。

昭武が水戸に帰るのを見届けた後、渋沢は東京で父・市郎右衛門に六年ぶりの対面をする。戊辰戦争の顛末と親族の動向を聞くためであった。「学問の師でもあった従兄の尾高新五郎は存命していた。しかし、尾高長七郎——攘夷決行を阻止した命の恩人とも言える従弟——は、精神を病んだ後、病死を遂げていた。またその弟は、戊辰戦争に従軍し薩長軍と抗戦を続け、最後は自刃していた。さらに渋沢と一緒に京都に逃れた渋沢喜作は、彰義隊のリーダー格から振武軍を経て、「函館戦争に従軍中である」云々。父から聞かされる身辺の変動は甚だしいものがあった。幕臣であった渋沢は、最も困難な時期に、万博使節として海外に出ていたため、結果として生を保つことができたのである。

なお、渋沢の師でもあった尾高新五郎とは、明治以降も深い関係が続く。維新後の一八七二年に、大蔵官僚時代の渋沢が深い関わりを持って設立した官営富岡製糸場の初代工場長は新五郎（惇忠）が務めた。彼は七六年に退任した後も、第一銀行や東京瓦斯局に勤め、渋沢を支えていく。また従兄の渋沢喜作は佐幕派として徹底抗戦したものの、赦免され、明治期の経済人として活躍していく。

新政府の官僚また実業界の実力者となる渋沢の口添えもあったろうが、尾高一族・渋沢一族が、実際に非凡な能力を持っていたことが分かるだろう。なお、渋沢が一八五三年に結婚した千代（一八八〇年病死）も、新五郎の妹であったことを付言しておきたい。

徳川慶喜との再会

父との面会の後、渋沢はただちに静岡に赴いた。主君・徳川慶喜が、静岡で謹慎生活を余儀なくされていたからである。渋沢は、昭武が書いた慶喜宛書簡を手渡し、昭武のパリ経験を報告することを目的に、蟄居していた宝台院を訪ねた。しかし、宝台院の一室に控えていた渋沢の前に、先導者もなく慶喜が一人で姿を現したことには驚かされ、あまりの落魄ぶりに涙したという。

諸事報告後、水戸の昭武のところへ戻るつもりであった渋沢に対し、静岡藩の中老職にあった大久保一翁は、「そのまま静岡藩で仕事をせよ」との命を渋沢に下した。当初その理由説明がなかったため、渋沢は強い不満と訝しさを感じた。しばらく後に、それは「洋行帰りの渋沢が攘夷意識の強い水戸藩で不慮の事態に遭遇することを未然に防ぐ」という慶喜の配慮であったと聞き、感激し、静岡に留まることを決意したのである。

静岡藩での初仕事

渋沢は静岡藩で「勘定組頭格」の職に就き、経理全般を担当していく。はじめに処理した仕事の一つが、「石高拝借」であった。これは、新政府が発行した新紙幣たる「太政官札」を全国に流通させるため、石高に応じた金を各藩に強制貸付し、年三分の利子で一三カ年の間に返済させる方式のことである。

静岡藩にも五〇万両余りの「石高拝借」が課せられていたが、それを聞きつけた渋沢は、勘定組頭の平岡準蔵に次のような提案を行った。

この金高を別会計とし、それを基にした殖産興業を発達させ、出た利益を返済金に当てるべきである。西洋の「共力合本法」を導入し、地方の有力商人とともに、商会を創立し、売買貸借を任せれば、地域の活性化に繋がる。静岡藩の事例が全国に広がれば、日本の商業も発展していくであろう。それを行う勘定頭として、自分に一任してほしい。

「商法会所」の設立

一八六八年年末に渋沢が提出した案件は、藩の認めるところとなり、翌年一月、静岡の紺屋町に、資本金約三〇万両で「商法会所」が設立された。

この会所は静岡藩からの数名の役人と商人十数名からなる半官半民の組織で、渋沢は最高責任者に就いた。そこでの主な業務は、商品担保の貸し付け、定期・当座預金、米穀や肥料の販売、製茶業への融資などで、京都・大阪・東京に支所を置き、大阪と清水港、浜松・東京間などに商業販路も開いた。このように一般商人からの出資を受けて誕生した商法会所は、近代的な会社組織の先駆けとも言える存在であった。

渋沢の目論み通りに、この商法会所は当初八カ月で、八万両の利益を上げた。しかしあまりに順調すぎ、藩庁側から「石高拝借は公金なのに、それで商売をしているような形はまずい。名称を変えて欲しい」との要請を受け、「常平倉」との改称をせざるを得なかったほどの成果を挙げていく。渋沢栄一の起した事業の初めであった（以上の記述は『雨夜譚』に拠るところが多い）。

第3章　経済制度の構想——大蔵官僚としての渋沢栄一——

1　新政府の一員へ

新政府からの仕官要請

渋沢栄一が発意した商法会所は順調な成績を挙げつつあった。そのため、渋沢は、徳川慶喜が住まう静岡藩で経済実務に関わることを自らの役割にしようと決意する。

ところが事業開始後、八カ月余しか経っていない六九年一〇月、渋沢は太政官からの出頭命令を突然受ける。翌月に上京した渋沢は、そこで民部省租税正（現在の主税局長相当の職）に就くよう命じられた（当時、民部省と大蔵省は合併する形をとっており、七〇年七月に正式分離。さらに七一年七月に至り、民部省は廃止される）。フランス滞在中に、幕府から預かったお金を二万両余りも残し、さらに現地での公債購入が四万両の利益を生んだという経営手腕が、当局者の耳に入ったための指名であったとされる。

大隈重信の説得

設立されたばかりの民部大蔵省には、大蔵卿に伊達宗城（旧宇和島藩主）、大輔（事務次官にあたる）には大隈重信、少輔は伊藤博文が就いていた。就任を打診された渋沢は、静岡での仕事が始まったばかりであること、租税についての知識を持ち合わせていないこと、またそもそも旧主・慶喜への忠誠心が強く、新政府への反発が少なくなかったこと、などの理由から、就任を固辞する姿勢を見せた。

これに対し、責任者であった大隈は、渋沢と面談した際、「今の新政府の計画に参与しているものは、すなわち八百万《やおよろず》の神たちである。その神たちが寄り集まってこれからどういう工合〔具合〕にして新しい日本を建設しようかと相談の最中なのである。何から手を着けてよいかわからないのは君ばかりではない。皆わからないのである。これから相談するのである。今の所は広く野に賢才を求めて、これを登用するのが何よりの急務である。君もその賢才の一人として採用されたのだ。すなわち八百万の神たちの一柱である」（渋沢「生涯忘れ難き先輩の一言」『竜門雑誌』一九一〇年三月号）というユニークな説得を受け、最終的に渋沢は租税正に就くことを受諾した。その時、渋沢は数えで三〇歳。一八六九年一一月のことであった。

後年「渋沢栄一論」を執筆した大隈は、「神の仲間に入れてやる」の小見出しの下で、この逸話を紹介し、「使ってやるといえば普通の男は喜んでやってくるのだ。ところが渋沢は堅い。壮士みたような汚い着物を着て、小倉の袴をはいて大小を差し、まかり間違えば決闘しそうな顔付でわが輩に議論をふっかけてきたのには驚いた」と、往時の渋沢の気骨を讃えている（「大隈伯社会観」一九〇九年、『大隈重信は語る』所収、一九六九年）。それは年長の諸氏に負けない体験と見識を有しているという自信の表れであったのだろう。

さて、新政府側には、旧幕臣であった渋沢を官僚に登用する事に反対する声が少なくなかった。しかし、同僚となった一五歳年長の玉乃世履（後、大審院長）などは間もなく、渋沢は「元漢学有志の党にて勤王家なりしが、一変して今日の学に至る。持論公平正大、旧幕の俗習なし。勝房州（勝海舟）の流なるべしと察したり」（土屋喬雄「青淵先生に対する最初の人物評」『竜門雑誌』一九三八年三月号）との高評に転ずるほど、一目置くような仕事ぶりを、渋沢は見せていくことになる。

人生五回目の転機

渋沢は、一九二四年に、「私は生涯に五回も人生の目的を変えた」との回顧をしている。いわく、第一は、サムライを志して家を出たこと、第二は、一橋家に仕官したこと、第三は、徳川昭武の留学を実現しようとしたこと、第四は、静岡で商工会社を起こしたこと、第五は、新政府の官僚となったこと、これらである。さらに、第一と第二は、「手段を異にするも大体において同じ目的に向って進んだ」もの、第四と第五は、「目的を達成するに便利ならしめた手段に過ぎなかった」と解説してみせた。

三番目あるいはその前には、「幕臣になったこと」と本来的には書くべきところであろう。しかし、そうした表現ではなく、あえて「主君の弟の欧州随行」という形で挙げているところに、自己の人生についての複雑な心境が映されているように思える。

ちなみに、五度にもわたる目的変更の原因について、「私の無知または怠慢から生じたのではない。自然の変化が私の目的を遂げしめなかったのである」。「私は五回自分の目的を変えた。これは私が変えたのでなく、外部の事情がこれを変えさせたのである」と、時代の変遷等により、自己の立場も変えざるを得なくなったのだ、との正当化あるいは弁解的発言を残している（渋沢「目的達成の要件」『竜門雑誌』一九二四年一二月号）。

2　大蔵官僚としての新制度整備

民部省（大蔵省）改正掛

創設初期の民部省は、たくさんの所管事務を持っていた。それらの事務は、のち大蔵省、農商務省、内務省、逓信省などへ整理移管されていくが、一八六九年一一月に民部省入りした渋沢は、自身が設置を進言した「改正掛」に属し、新たな貨幣制度、税制改革、また度量衡改正、駅逓法(郵便)改革、鉄道敷設などの新事業に取り組んでいった(七〇年七月に民部省と大蔵省が分離し、渋沢は「大蔵省租税正」となった)。「改正掛」は、民部・大蔵全般にわたる省務を担当する調査諮問機関で、各省から兼務の形で一二～一三名の人員が所属していた。

渋沢は後年「租税制度改正に関連しては、国立銀行の設立、地価の鑑定と言うような大問題があったから、これらに関する長い意見書を出したことがあるが、あまりに大抱負を持っていると言うので、伊藤さんから笑われた」と回顧しているが、伊藤博文が岩倉使節団の一員として遣欧する際には、①紙幣(太政官札)の始末方法の考究、②国立銀行制度の研究、③公債証書の実施に関する調査、④会社組織の調査等をしてきて欲しい旨の意見書も出している(青淵「諸々の回顧(三)」『竜門雑誌』一九二五年八月号)。

改正掛で渋沢の部下となった一人に、「郵便制度の創始者」として知られる前島密がいる。前島は、往時の雰囲気を次のように回顧している。「明治二年一二月二八日、召されて民部省に出頭すれば、同省九等出仕改正局勤務を命ぜられる」。同僚から、改正局は、長官をおかず、随時その能力をもって業務を行なう局であり、さらに上役たる大隈重信・伊藤博文は「当世の俊傑なり。彼らに親炙し、経世の新知識を得るは、またこれ人生の大快事なり」と聞かされ、前島も「わが意を得たるものかなと深く心に歎じた」。そして、「明治三年正月五日に出局すれば、図らざりき。余は局員の上席にして、ひとり渋沢栄一氏のみ奏任官なる租税正にして、本局に兼任したり。しこうして大隈・伊藤両氏も出席し、民部大蔵卿伊達侯もまた臨席し、放胆壮語、一も尊卑の差等を置かず、襟懐を開いて時事を討論せり。余はここにおいて再び心に喜び、すこぶる愉快を感ぜり」（前島密『鴻爪痕』一九二〇年）。

大隈の言を改めて想い起こせば、まさしくここに集った「神たち」――渋沢や前島たちは、自由な立場からの甲論乙駁を行い、新しい法制や条例を漸次定めていったことが窺えるのである。

渋沢が新しい制度の導入に積極的であったことを物語る逸話を一つ紹介しておく。英語でブック・キーピングと呼ばれていたものを「簿記」と翻訳したのは、福沢諭吉とされるが、その導入を促進したのは、民部大蔵官僚時代の渋沢であった。当時の大蔵省が江戸時代と変わらぬ「大福帳」による出納管理を行っていたのを、イギリス銀行家のアレキサンダー・シャンドの助言を得て、イギリス流の簿記への転換を図ろうとした。上司の出納課長からは、「西洋かぶれ」と罵倒され、暴力を振るわれそうな緊迫する場面もあったほどであるが、国家財政のような大規模な出納管理には、簿記法が有効であることを諄々と説き、暴力に訴えようとした課長の非法ぶりを糾し、導入にこぎつけたという（『渋沢栄一自叙伝』一九三七年。以下、同書からの引用は『自叙伝』と略す）。

上司・井上馨との協働作業

一八七一年春には、大蔵卿が大久保利通に、大蔵大輔も井上馨に代わった。渋沢は農民出身ながら、その才覚が買われ、短期間に大蔵少輔事務取扱（事実上の次官）にまで登り詰めるが、渋沢の能力を認め、高い評価を与えた一人が井上馨である。同年には、廃藩置県という未曾有の大変革が実施されたが、廃藩にともなう旧藩札の引換法などの処理、また公債発行などについても、井上の指示の下で、渋沢が担当した。

廃藩置県前後は最も多忙な時期で、同僚のなかには、「もう耐えられないから寝かせてくれ」という者がいる中、渋沢は三日三晩不眠不休で働いたこともあると豪語する。「血気旺《さか》んな若さであっただけ仕事が輻輳すればするほど働けた。実に当時は大蔵省の仕事を盤根錯節〔混み入って解決の難しい事柄〕の間に処理したと言える程で、過失もあったかしれないが、井上さんが磊《らい》落《らく》の人で自分の考えを遠慮なく言う人だったから、思いのままに仕事が出来たのであった」云々（青淵「進退を共にした井上馨侯」『竜門雑誌』一九二五年一二月号）。

報徳仕法と西郷隆盛

一八七二年八月、若き大蔵官僚・渋沢の自宅へ、参議・西郷隆盛が訪ねてきたことがある。西郷は、「二宮尊徳が行った『興国安民法』が、今でも相馬藩で継続されている。とても良法なので、廃藩後も継続できるようにしてもらいたい」と、渋沢に依頼した。幕末の農政家・二宮尊徳は、荒村の開墾・回復を図るために、その土地の数十年間の歳入歳出を計算し、適正な運営額を定める「分度」を設定し、余剰が出た場合は、それを殖産や開墾に充填していく「推譲」という方法を実践し、成果を挙げていた。尊徳が一八五六年に死した後も、嫡孫と門人が相馬藩で方法を受け継いでいたのだが、廃藩置県によって、その実行主体が喪失してしまう。それを惜しんだ関係者の訴えを西郷が諾としたのである。

渋沢は、西郷の話を聞いた後、「相馬藩の興国安民法も必要であるが、現在は全日本の興国安民法の必要な時節である。予算も歳入を計って歳出を定めねばならぬ。しかるに限度も定めずに、ただ出せというのでは、いたずらに公債ばかり増加して良くない結果を生ずる。日本の興国安民法は棄てて顧みず、相馬の方のみ残せとは、あまり判らぬ話である」(「談話筆記」一九二九年二月一六日)と述べ、新政府の現実を批判的に論じたところ、西郷もそれ以上の抗弁はせずに帰っていったという。

3 「会社制度」の紹介

「会社制度」の紹介と実践

渋沢は、『立会略則』という書物を一八七一年六月に上梓し、九月に官版として刊行した。「かつて泰西〔西欧〕に官遊の時、目撃耳聞に任せて漫録せしを抄出したるもの」とされ、ヨーロッパの会社制度を紹介し、また政府が商業に干渉すべきでないこと、「合本主義」の必要であることを強調する書物であった。

渋沢は、まず「商」とは何かについてこう説明する。「商とは、物を商量し、事を商議するの義にして、人々相交り相往来するより生ずるものなり。ゆえに物と事とについて、おのおの思慮勘考するの私権（私権とは、人々その身に附きたる通義にして、他人の犯し妨げ得ざるものをさして言う事にて、あえて法度に拘わるものにあらず）によりて、これを論究し、その善悪可否を考え、相融通してともに利益を求むるこそ商の本義というべし。されば貿易売買するを指して商業となし、その職とするものを指して商人と言うは、まことに天賦の美名にして、ただ一人一個生計を営むがための名にあらず。よくこの主意を心得、大いに商売の道を弘むれば、小にして一村一郡、大にして世界万国の有無を通じ、生産もまた繁昌し、遂に国家の富を助くるに至らん。これ商の主本要義にして、およそ商業を為すもの、心にこれを留めざるべからず」云々。ここで、渋沢は、商行為に「私権」として確たる地位を与えるとともに、そこに、「世界万国」にも広がる公的な意味づけも付与した。

さらに重ねて「商法の道を生ずれば、よくこの道をおしひろめて、全国の富を謀るべき事なり。それゆえ商業をなすには、偏頗の取計いなく、自身一個の私論を固執せず、心を合せ力を一にし、相互に融通すべし。もし一個の私論を固執し、あるいは偏頗の取計をなし、相融通するの道なければ、品物流通せずして、さらに利得を得ることあたわず。ゆえに商業をなすには、切に会同一和を貴ぶ。これ商社の設けざるべからざる所以なり。商社は会同一和する者の、ともに利益を謀り、生計を営むものなれども、またよく物貨の流通を助く。ゆえに社を結ぶ人、全国の公益に心を用いんことを要とす」との説明を展開する。

さらに「通商の道は政府の威権をもって推し付け、または法制をもって縛るべからかず」と述べるとともに、「国家の富強は商工業の発展にある」が「実業家の位置勢力、よく政治家を動かすに至るにあらざれば、真の発達は期すべからず」とも主張する。

すなわち、商業とは、①一人一人が自己の利益を図るべきものではなくて、「全国の公益」を図ることを目的としなければならないこと、②江戸時代までの政治と商人が「威権をもって」結びついている体制を排し、商人が「公益」のために働くべきこと、③こうした新しい時代は「商人」たちが作り出していくこと、④手を結び合った「商人」たちが最後には「政治家を動かす」ような力を蓄え、国家の富強や発達を目指すべきこと、これら近代資本主義社会形成の前提を、小冊子ながら力強く訴えたのである。

なお、渋沢が最初の著書と言える一八七一年の『立会略則』において、すでに「公益」の追求を訴えていたことは重視しておきたい。この思想は、その後の生涯を通じ、渋沢が社会と関わりを持つ際のキーワードの一つになり続けるからである。

「量入為出」方針と大久保利通との対立

渋沢は、財政基盤を固めるため、「量入為出」の方針による歳出入統計表を作り、収入に見合った支出を行うと宣言し、各省の経費にも定額枠を設けようとした。ところが、各省庁や政治家が従前と同じ我儘勝手な要求をするため、現実の予算枠内で処理することは困難になっていた。渋沢が、西郷隆盛が評価した「報徳仕法」を逆手に取って行なった政府批判は、やはり正鵠を突いた反論だったのである。

とりわけ、大久保利通大蔵卿による軍部予算増額を、渋沢が「量入為出」の考えを貫いて断固拒否したことは、往時の実力者・大久保の不興を大いに買うことになった。渋沢側からすれば、「正当の意見を主張したにも拘らず、一言もこれに耳を傾ける度量がなく、飽く迄も権威を笠にきて横車を押そうとする大久保卿の態度が不快でたまらず、ことに大蔵省の首脳者からしてこんな浅薄な考えでは、いかに吾々が苦心努力して、財政整理を行い、面目を一新しようと焦慮しても、結局それは徒労に過ぎぬと感じた」(『自叙伝』)ため、ただちに辞職しようと考えたほどであったという。

官僚辞任

こうした不満が数度重なった末、渋沢は同様の不満を有していた上司の井上馨と連名で大蔵官僚の辞表を太政官に突きつける道を選ぶ。一八七三年五月のことであった。渋沢の退官を翻意させようと、同僚の玉乃世履は次のように説得したという。

「君は現在官界でもかなりの位置であり、将来を考えても極めて有望であるのに、今辞職するは実に惜しい。たとえ野に下って商人となっても、君にはとても金儲けは出来まい。しかも世間からは軽蔑を受けて、生涯官吏の頤使《いし》〔アゴで指図すること〕の下に働く身分に堕ちるは、君のために甚だ遺憾に思う」（渋沢「論語に関する談話」『竜門雑誌』一九〇八年一二月号）。

渋沢の回顧は、玉乃を官尊民卑思想の典型と位置づけ、彼が商人の地位に相当な偏見を持っていたことを暴くわけであるが、そうした官僚の偏見を払拭することが自身の課題であると考え始めていた渋沢は、玉乃にこう答えたという。

「金を溜めるために辞官はしない。実業家が今日のごとく卑屈で、世間の尊敬を受けぬのは一つは封建の余弊であろうが、一つは商人の仕打ちが宜しくないからである。欧米では決して官商の懸隔が日本の如くではない。余不肖ながらこの弊風矯正のために骨を折りたい。宋の趙普は論語の半部を以て天子を輔け、半部を以て身を修めたといっておるが、余は論語の半部を以て身を修め、半部を以て実業界を矯正したい決心である。乞う。さき永くみていてくれ」（渋沢『論語講義』第七条、一九二五年）。

一八八七年口述の『雨夜譚』では、「始《ママ》めて実業家たる志望を起す」の見出しの下、「将来日本の経済を考案してみるに、この末政府においていかほど心を砕き、力を尽して貨幣法を定め、租税率を改正し、会社法または合本の組織を設け、興業殖産の世話があったとて、今日の商人ではとうてい日本の商工業を改良進歩させることはなしあたわぬであろう。ついてはこのさい自分は官途を退いて一番身を商工業にゆだね、およばずながらも率先してこの不振の商権を作興し、日本将来の商業に一大進歩を与えようという志望を起しました。……東京・大阪の商業家とも時々面会して、業務上について種々談話もしてみたが、旧来卑屈の風がまだ一掃せぬから、在官の人に対するときには、ただ平身低頭して敬礼を尽すのみで、学問もなければ気象もなく、新規の工夫とか、事物の改良とかいうことなどは毛頭思いもよらぬありさまであるから、自分は慨歎のあまり、現職を辞して全力を奮って商工業の発達を謀ろうという志望を起したのであります」と自身の決意を顧みている。

先の「立会略則」で述べていたような民間の力による商工業の発達を宿願としていた渋沢は、官にとどまることを潔しとせず、自身の手で主導的役割を果たそうとしたのだ。

官営富岡製糸場

官僚時代の渋沢が関わった殖産興業関連の仕事として、官営富岡製糸場の事務主任がある（一八七〇年閏一〇月就任）。その工場長に、少年時代の学問の師であり、従兄であった尾高惇忠が就いたことは先に触れた。

渋沢の回顧談によると、大蔵少丞であった渋沢に、上司の大隈が模範製糸工場を作ることを企図し、「誰か養蚕の事を知っているものはおらぬかと尋ねられたから、余は養蚕製糸にやや心得があると言って出たのが縁となり、爾来養蚕製糸に関する問題は必ず余が参与することとなった」（渋沢「余の蚕糸業に対する経歴及希望」『大日本蚕糸会報』一九〇九年一月号）。実際、富岡製糸場は、ブリューナをリーダーとするフランス人技術者が指導者となり、諸手配は大隈重信の委任を受けた渋沢が行なっていた。

富岡製糸場はのちに民間へ払い下げされるが、同じ回顧の中で、「官の保護によって出来たものは皆つぶれてしまって、今日その影だに止めざるに反し、保護も何も受けずに民間で立てたものは、皆成功している」としているのは、官の限界を感じ、民間で活躍した渋沢ならではの認識と言えるだろう。

第4章 「合本主義」思想の展開――民間企業家としての渋沢栄一――

1 銀行・諸会社の設立

第一銀行設立と渋沢栄一

大蔵省は、東京・横浜・大阪・京都・神戸など八カ所に、一八六九年から為替会社を設立し、銀行の役割を担わせようとしたが、うまく機能しなかった。そこで、渋沢栄一を主任にアメリカのナショナル・バンク・アクトを参考にした国立銀行設立案を作成させた。それが、「国立銀行条例」として公布されたのは、一八七二年一一月のことであった。

それを受け、翌七三年六月に日本最初の銀行、第一国立銀行が誕生した。同行の資本金は三〇〇万円だったが、二〇〇万円分を三井組と小野組が一〇〇万ずつ請け合い、それぞれから一名ず

第一国立銀行（1897年頃）

つの頭取・副頭取・支配人を置く形をとった。そのため、両者を調停統率する担当者として、大蔵省を井上馨と連袂退官したばかりの渋沢が、頭取の上に立つ総監役に就任した。以降、一九一六年に実業界からの完全引退を宣言するまで、渋沢は第一銀行のトップに留まり続け、同行は実業家・渋沢の最も重要な拠点となっていく。

さて、日本で最初に「銀行」なる組織が誕生した祝賀会で、渋沢はこのような演説を行っている。

「こいねがわくは、この銀行の株主およびその実務に従事する者は、よくこの真理〔銀行経営の方法〕を体認して、私を去り公に就き、協立の意念を拡充し各相調和して相雷同せず、浮華虚飾の弊なくして淬礪《さいれい》〔自己の修養に努める〕精確の実あらば、その業いよいよ盛にして、そのいよいよ牢《かた》く、よく各自の実利を興じて、併せて全国人民を稗益し、もって富国理財の一助たらんこと翹足《ぎようそく》して待つべきなり（実現を待ち望むところである）」（渋沢「第一国立銀行開業祝詞」一八七三年、『第一銀行五十年史稿』『伝記資料』四巻）。

資本金三〇〇万のうち三井と小野から計二〇〇万を集め、残り一〇〇万円は民間に期待したが、実際は四四万八〇〇円しか集まらないという困難な状況の中での開業であった。渋沢が第一銀行の株主たちにまず託したのは、「私を去り公に就」くという公共投資への願いであった。

このように、順調とは言えない船出であったが、さらに翌年には小野組が倒産するという痛手もこうむる。しかし、渋沢は「日本の民業発達には中核になる銀行が必要である」という強い意思を持ち、第一銀行の破綻を防いだのである。

この第一銀行を先駆けとし、以降続々と「国立銀行」が全国に誕生していく。最終的には一五三行まで出来たが、一八八二年、日本銀行が中央銀行の役目を担って設立されたため、多くは普通銀行に転換していき、それぞれの形で日本経済を支えていくのであった。

銀行関係者団体としての「択善会」

渋沢は、銀行関係者が親睦を深めるとともに金融関係の勉強をするための集まりとして、択善会を創立し（一八七七年七月）、自ら会長に就いた。この会では、起業公債応募、手形取引の奨励、雑誌『理財新報』の発行などが渋沢の主導の下で行なわれていった。

そして、一八八〇年に三一行の同盟を得た東京銀行集会所へと改称発展していく。こちらで行なった事業には、公債応募、手形交換所の設立、『銀行通信録』の発行、国立銀行紙幣銷却、東京興信所の設立などがあった。渋沢は、実業界からの完全引退を表明する一九一六年まで、この会長を務め、それらの実現に大きく関わっていった。

東京商法会議所設立

渋沢は、一八七八年八月に設立された東京商法会議所にも関わり、自ら会頭に就いている〔後、東京商工会議所に発展〕。この組織は、商工業振興について、会員相互の交流を深め、また政策提言を行なう任務を担い、メンバーには、大倉喜八郎・岩崎弥之助・安田善次郎など、往時の実力者が網羅されていた。

渋沢は、特にこの組織発展に力を入れ、日本に「財界」という同業者団体を作り出すことによって、商人の地位向上を図ろうとした。つまり、先にみた『立会略則』（一八七一年）に著した思想を実現する媒体の一つとして、会議所を考えていたのである。

ところで、なぜ渋沢は、誕生したばかりの第一国立銀行の経営に専念せず、択善会あるいは商法会議所等にも積極的に関わっていったのであろうか。その理由については、このように語っている。

「私は実業、ことに合本事業を発達させて、文明国と競争したい意念《ママ》がさかんで、第一銀行を設立したのであるが、銀行は出来ても、その働く畑がなくてはならぬ。得意を作らねばならぬ。守旧派の人々を説くことも一策であるが、一般の産業を振興させるには率先して合本組織による事業を創設して模範を示さねばならぬことを痛切に感じ、この方面に全力を傾けたのである。全力を傾けて創設したので、合本事業との関係が滋くなり、縁故が深くなり、自然に重役の一人とならざるを得なかったのである。

　世間では渋沢は多数会社の重役を兼任するというて、非難するものもあったが、本邦各種の産業を斉しく発達せしめんとする一片の誠意の為に止むを得なかったのである」（渋沢「余は今後畢生の事業とて如何なる方面に主力を注がんとするか」『実業之日本』一九〇九年七月号）。

つまり、まず銀行業界を形成し、そして「合本主義」による種々の企業を立ち上げ、それらに投資することが、結局銀行の発展に繋がると渋沢は考えていたのである。言わば、相乗的な関係性の中で、日本の資本主義が発展していくことを構想し、そのため、傍から無謀に見えた数十社の「相談役」や「役員」等を後に兼務していく。そこには渋沢の明確な戦略があったのである。

大阪紡績会社と紡績業

「明治一三、四〔一八八〇、八一〕年の頃、政府においては深く該〔紡績〕事業を奨励するの必要を感じ、その器械を購入して、参州・尾州・勢州〔愛知県・三重県〕等の各所に模範工場を起し、これを人民に貸付して運転を試みしめたることあり。……余は明治一二年より別に紡績会社の設立を計画しつつありたれば、政府奨励の事業には関係する所あらざりき。けだし維新以来棉糸・棉布の輸入しきりに増加し、ことに西南事変〔一八七七年〕後、紙幣膨張、物価騰貴の影響を受け、輸入ますます増加して、外国貿易はなはだしくその均衡を失したるが故に、朝野ともにその均衡を恢復するを急務と為し、なかんずく棉糸・棉布の如きは日常の必需品にして、また輸入品の大部を占むるをもって、まずこれら物品の製造を起こすを最も急務となせり。これ官民に論なく、重きを紡績事業に置きたる所以なり」（渋沢「会社誌（第四節紡績事業）」『開国五十年史』一九〇八年）。

これは、渋沢が紡績産業誕生の頃を語った文章である。明治政府は、当初機械をイギリスより輸入し、官営紡績工場を設立したものの、その工場規模は、主として二〇〇〇錘ほどの小さいものであった。それでは足りぬと見た渋沢は、民間資力による大紡績会社の設立を目論み、イギリスへの実地調査を踏まえ、一八八三年、一万五〇〇〇錘台の規模を持つ大阪紡績株式会社（資本金二五万円）を開業した。物品運搬と人員募集の便から、開業地は大阪に定め、原料となる棉花は、国内産は不適格とされたため、中国やインドからの輸入を基本とし、後にはアメリカからも輸入し、必要量を充当した。

ところで、「株式会社とは何か」が理解されていない明治前期において、資金調達はなかなか進まなかった。そこで、渋沢は、職を失った旧領主や士族が、秩禄処分（一八七六年）によって手にした金禄公債に目をつけ、これらの資金を初期の企業投資へ振り向けるよう呼びかけた。とりわけ前田家・毛利家などに、大阪紡績への出資をするよう働きかけたことは、成功し、同社当初資本金のうち四三％は、旧領主層の資金であったという。さらに渋沢は、大倉喜八郎らの実業家や東京・大阪の綿問屋にも株購入を迫り、当初資本金の二五万円をすべて民間から調達することを得たのである。こうして、広く民間からの資金に拠ったため、同社は日本最初の株式会社と評されることもある。

一八九〇年には、同社の資本金は当初の約五倍に当たる一二〇万円に、紡錘数は約六倍の六万二二二〇錘に達し、民間企業としての地位を確かなものにした。そして、この増資された部分を設備投資に回し、また会社の運転資金は、渋沢がトップに君臨した第一国立銀行から融資を受けることで、順調な成長を遂げていくのであった。

なお、渋沢は、大阪紡績の設立後、また紡績連合会を組織し、インド棉花輸入の促進、九四年には綿糸輸出関税の撤廃、九六年には棉花輸入関税撤廃の実現に力を尽くすなど、紡績業の中心人物として存在感を示していく。

海運業における岩崎弥太郎との対立

日本の近代海運業は、当初岩崎弥太郎の三菱汽船会社が牛耳を取っていた。同社は、藩閥政府からの助成金を得て設立され、一八七四年の台湾出兵および七七年の西南戦争で、人的物的輸送権を独占したため、莫大な海運利権を挙げていた。さらなる利権独占を目指した岩崎は、七八年、渋沢栄一に海運事業の共同化を持ちかける。しかし、渋沢は「合本主義を徹底し、富は分配されるべきこと、独占は避けるべし」との持論を展開し、岩崎の誘いを拒否した。

三菱の海運業独占状態を崩すため、渋沢は品川弥二郎らと一八八二年七月、共同運輸会社を設立し、海運の値下げ競争に挑んだ。双方の我慢較べとなる激しい闘いであったとされるが、最終的には両者が妥協し、両者合併の上、一八八五年九月に日本郵船が誕生している（渋沢は同社の重役に就いた）。

岩崎と渋沢の対立について、第一次世界大戦期には次のような解釈さえ生まれていた。「岩崎弥太郎は専断主義の豪傑である……岩崎は覇業で行こうというのであるが、渋沢は王道で行こうというのである。岩崎は大資本家であれども、渋沢は小資本を合同して大資本家と併行させようというのである。岩崎は強者の権利を主張するのに、渋沢は弱者の味方になろうとするから、意見が一致する筈がない。終に折角の会合も一大破裂に畢って了ま」った、と（竜口了信編『成功

模範世界的人物　第二集』久盟館、一九一六年）。
「弱者の味方と王道の渋沢」、「強者と覇道の岩崎」と対置させている点に、大正期の渋沢評価の一端を垣間見ることができるだろう。

造船業と渋沢栄一

近代日本の民間造船業は、海軍省から石川島工場の払い下げを受けた平野富二が、一八七六年に平野造船所を興したところから始まる。しかし、平野による経営はただちに軌道に乗ったわけではなかった。渋沢は、第一銀行から融資を与え、またさらに伊達家・鍋島家から三万、渋沢が四万の出資を加えることで、株式会社組織に仕立て、その結果、大型軍艦製造が可能となる会社へと成長発展していった。

渋沢自身は、一八九三年から一九〇九年まで、平野造船所の後継にあたる東京石川島造船所株式会社の会長を務めている。「私が石川島造船所に関係しはじめたそもそもの動機は、毛頭これを利殖の一事業としようというような考えからではなく、造船業が海国日本の進運のうえより見て、一日も等閑に附しがたく、いまにしてこれが振作をはからずんば、将来悔ゆることあるも及ばずと考えたからである」（『東京石川島造船所五十年史』一九三〇年）と、個人的利益や利殖を目指すのではなく、「海国日本」発展のために関わり続けたことを後に強調していく。

鉄道業と渋沢栄一

渋沢は、一八七三年蜂須賀茂韶らが設立した東京鉄道株式会社の相談役にも就任している。同社は八一年に日本鉄道会社（上野—青森間）へと発展していく東日本の基幹鉄道の一つであった。一八八六年から九九年の間に、日本では、さらに四三もの私立鉄道会社が設立されるが、渋沢はその一九社に関わりを持った。

「明治二十九（一八九六）年より三十年にかけての戦後経営はどうであるか。この時は多く鉄道事業が起った。これは特に戦争に関係して鉄道の必要という事は直ちにわかる事実で、また世人もしきりにこれを説きし所から、輸送かたがた鉄道を使う論がはなはだ盛んで、ためにこの事業が勃興して来た」（渋沢「財界二十年の変遷」『中央新聞』一九〇八年六月二日）とは、日露戦後における渋沢の発言である。渋沢が朝鮮半島や中国の鉄道敷設に積極的に関与していくことを第6章でみるが、鉄道業は単に国内の経済・産業の振興発展に役立つだけでなく、戦争と深い関連を持つことが一般的にも認識されていたことを窺わせる。

なお、一九〇六年の「鉄道国有法」により、多くの私鉄は国鉄に編入されていく。この頃には六〇にも上る鉄道・軌道会社に関与していた渋沢が、この法案に対し、どのような態度を取ったのかについては、後で述べることとする。

明治前期における諸企業創立と渋沢栄一

一八七八年九月創立の東京海上保険会社も、渋沢が重役に就いた会社の一つである。渋沢が関係した東京鉄道会社が、京浜間の鉄道のために払下組合を組織したものの、後に目的変更をして解散してしまう。その時、渋沢の勧告によって、政府に納めた払下代金の還付金を基に創設されたのが、この保険会社の始まりであった。

製紙業に関しては、一八七四年渋沢が東京抄紙会社の設立に関わり、それが後の王子製紙に発展していく。製紙業への興味は、単に産業の発展や営利を目的にしたものではなく、「真正の文明を進めようとするには、日本の紙を改良しなければいけない。紙の事業というものが、文明を進める一大要素である。新聞紙にしても、書籍にしても、すべて学問という事については紙が必要である」（『自叙伝』）という信条に基づいていたためとの回顧も残る。

ビール業も渋沢との関係が深い。日本のビール醸造は横浜の居留地に始まるとされるが、本格的事業としては、北海道開拓使が一八七六年に、札幌で行なったのが起源となる。一八八八年に至り、渋沢は大倉喜八郎・浅野総一郎らと、この工場を北海道庁から譲り受け、札幌麦酒株式会社を設立した。現在のサッポロビールの前身である。

一八八七年に創立された東京人造肥料株式会社は、日本に最初にできた人造肥料工場だが、渋沢が益田孝、馬越恭平らとともに、高峰譲吉を援助してできた会社である。

ガスなどの事業開始にも、渋沢の役割は大きかった。一八七六年五月、東京会議所が管轄していた東京市街のガス・街灯事業が、東京府に移管された際、渋沢は、瓦斯局事務長に任命され、七九年には瓦斯局長に累進している。これら官営だった東京瓦斯局が払い下げられることになると、渋沢は大倉喜八郎らと連携し、一八八五年一〇月に東京瓦斯会社を設立した。

電燈についても、一八八三年に銀座通りに電燈を灯すなどの宣伝活動を行い、一八八六年七月に開業した東京電燈株式会社の創立委員として力を尽した。

足尾銅山と渋沢栄一

「古河家の身代は今日四千万円と言われる程の富豪であるが、明治七（一八七四）年に市兵衛が一銭の貯えも無く、また一枚の着換も持たずに小野組を去った後、誰のおかげで、鉱山に着手することを得たのであろうか。古河市兵衛の才を信じて、何等の抵当も無く、五万円の大金を与えて、明治九年北海道に赴かしめたのは、実に渋沢栄一で、後また市兵衛の請を容れ、十万円の合資会社を組織して、足尾銅山を買わせたのも、やはり渋沢であったのである。こういう事は、渋沢の一代の中に極めて多い事例であるから、今日我国の富豪の中には、彼に対して、頭のあがらぬ者がどのくらいあるか判らない」（前掲『成功模範世界的人物』）。

一八七六年に古河市兵衛が買った足尾銅山は、一八八〇年に古河と相馬家（家令の志賀直道が名義人）、さらに渋沢が、三分の一ずつ資本分担をする協約を結ぶことになった。しかし、一八八二年に相馬家の混乱に伴い、志賀が組合を抜け、また渋沢も一八八八年組合を円満脱退し、経営権は古河がすべて掌握することになった（白石喜太郎『渋沢栄一翁』）。

明治後期には、田中正造などから批判されることになる古河市兵衛であるが、その経営初期においては、渋沢の支援が大きな役割を果たしていたのである。

「実業界のよろづ屋」

近代日本の産業草創期において、渋沢は会社の創設に関わるだけでなく、古河市兵衛をはじめとする多くの実業家を支援育成していった。一八七一年に単身東京に出てきた浅野総一郎もその一人である。「一貫《いっこ》の石炭売り」として商いを始めた浅野は、一八八一年に官営セメント工場の払い下げを希望し、渋沢に相談した。渋沢は、当初「そんな需要の遠いものをやるよりも紡績をやれ」と反対をしたという。しかし、最終的には浅野の熱心さに押され、払い下げを受けるための助力をし、のみならず、九八年に合資会社浅野セメントが設立された際には多額の出資協力を行っている。

浅野は後年、渋沢について「欲のないお方で、人を世話しても心に欲心がないから、決して代償を受けられない。渋沢さんの高潔な心事はこの一事で立派に証拠立つと思う。また払下げ当時非常に危険視されたセメント業を最初から反対せられたにもかかわらず、いざとなれば非常に親

会社名		渋沢との関係 ·1873 ·1880 ·1890 ·1900 ·1910 ·1920 ·1931	現会社名（2008年8月）
東洋汽船（株）	創立委員長	96 00 監査役	日本郵船（株）
汽車製造合資会社		96 99 09 創立委員及び業務担当社員 監査役	川崎重工業（株）
浦賀船渠（株）		03 09 相談役	住友重機械工業（株）
岩越鉄道（株）	創立発起人	96 05 取締役会長	JR東日本
浅野セメント合資会社	出資社員	98 09 監査役	太平洋セメント（株）
北海道鉄道（株）		01 04 相談役	JR北海道
（株）日本興業銀行		00 02 09 設立委員 監査役	（株）みずほ銀行
品川白煉瓦（株）	出資者	07 08 相談役	品川白煉瓦（株）
古河鑛業会社	出資者		古河機械金属（株）
大日本麦酒（株）		06 09 取締役	アサヒビール（株） サッポロビール（株）
中央製紙（株）	創立発起人	06 09 相談役	王子製紙（株）
帝国劇場（株）	創立発起人	06 創立委員長 取締役会長 14 名誉顧問 31	東宝（株）
日本皮革（株）		07 09 相談役	（株）ニッピ
澁澤倉庫（株）	発起人		澁澤倉庫（株）
清水満之助商店	指導・援助		清水建設（株）
合名会社中井商店		02 顧問	日本紙パルプ商事（株）
中外商業新報社	指導		（株）日本経済新聞社

注：1）現会社名が同じでも組織上は変化していることもある。
　2）会社名は『青淵渋沢先生七十寿祝賀会記念帖』1911年より抜粋。

出所：『渋沢史料館　常設展示図録』2000年、46頁、掲載の図を、同史料館・井上潤氏が補正したものに、さらに見城が加筆して作成した。

渋沢栄一が関わった主な会社

会社名		渋沢との関係（·1873 ·1880 ·1890 ·1900 ·1910 ·1920 ·1931）	現会社名（2008年8月）
第一国立銀行		73 総監役 75 取締役頭取 96	(株) みずほ銀行
(株) 第一銀行		96 頭取 16 相談役 31	(株) みずほ銀行
王子製紙 (株)		74 頭取・株主総代 93 取締役会長 98　02 04 相談役	王子製紙 (株)
(株) 第二十銀行	指導	08 09 相談役	(株) みずほ銀行
東京海上保険 (株)	創立主唱者	79 相談役 94 取締役 09	東京海上日動火災保険 (株)
(株) 第七十七銀行	指導	09 相談役	(株) 七十七銀行
大阪紡績 (株)	創立主唱者	83 相談役 09	東洋紡績 (株)
日本鉄道 (株)		84 理事委員 00 取締役 04	JR 東日本
日本郵船 (株)		93 取締役 09	日本郵船 (株)
東京瓦斯 (株)		85 委員長 94 取締役会長 09	東京ガス (株)
三重紡績 (株)	創立および救済に尽力	89 相談役 07 取締役 09	東洋紡績 (株)
東京人造肥料 (株)		87 委員長 93 取締役会長 09	日産化学工業 (株)
東京製綱 (株)		87 委員 93 取締役 98 取締役会長 09	東京製綱 (株)
日本煉瓦製造 (株)		87 理事 90 理事長 93 取締役会長 09	日本煉瓦製造 (株)（2006年3月廃業）
(株) 東京石川島造船所		89 委員 93 取締役会長 09	(株) IHI
(株) 帝国ホテル	創立発起人	87 理事長 93 取締役会長 09	(株) 帝国ホテル
(株) 東京貯蓄銀行		92 取締役会長 16	(株) りそな銀行
東京帽子 (株)		92 取締役会長 09	オーベクス (株)
北越鉄道 (株)	創立発起人会長	94 監査役 04 相談役 09	JR 東日本

切に奔走もし、また三分の一の責任を背負うて保証人になるなどという点はさすがに実業家で、その度胸の良いことは、並大抵の人間では出来ない芸当である」と満腔の謝意を表している（浅野「私が受けた渋沢子爵の恩義」『実業之日本』一九二八年一〇月号）。

セメント業のほか、渋沢が創立または援助した主な事業には、以下がある。製絨・織物・製麻・製帽・製革・製糖・醤油醸造・清酒醸造・製油・製藍・製氷・印刷・陶器製造・硝子製造・煉瓦製造・製鉄・製鋼・造船・船渠・汽車製造・自動車製造・自転車製造・瓦斯・電気・土木・築港・建築・土地会社・取引所・倉庫・ホテル・貿易・鉱山業（銅・鉄・硫黄・硝石・石灰・石油）・製薬・農業・牧畜・養蚕・林業・水産業・信託・電話・自動車運輸・航空などなど。

渋沢が生涯に関係した企業は五〇〇社にものぼったと言われるが、それらは渋沢栄一個人あるいは渋沢家の財力だけで運用されたわけではなかった。すべてが小資本を多く集める「合本主義」を実践するなかで運営されていたのである。このように近代社会生成に必要とされた新会社を創設する際の顔役として、八面六臂の活躍をしたところに、渋沢の役割と面目があった。

晩年の渋沢は「実業界のよろづ屋」とも自称する。「私は一度この位置に身を置いた以上、実業界の開拓は私の使命であるから、終身不変の態度でその事業を経営しなければならぬと決意した。爾来私は四十余年間銀行業者であったけれども、あらゆる方面に世話をやき、製紙業・保険業・鉄道業・海運業、あるいは紡績に織物に、あるいは煉瓦製造・瓦斯製造というように、その会社の設立および経営に努力し、またある部分は自ら担任もして来た」。「例えば日本の商工業は新開地の如きもので、そこへ店を始めるには一店で呉服屋・紙屋・煙草屋・荒物屋等、何でも兼業するいわゆる〝よろづ屋〟でなければならぬごとく、商工界の開拓者たる使命を帯びたつもりの私は、また各種の商工業に向って手を下さなければならなかった」云々〔渋沢「何故商業道徳が行はれぬ」『竜門雑誌』一九二七年四月号〕。

明治末期にはこうした千手観音のような超人ぶりが、世間から批判を浴びせられる局面に逢着する。しかし、少なくとも産業勃興が必要とされた明治中期までの渋沢の貢献は、「日本資本主義の父」の異名に、やはり値するものであった。しかも、それを「合本主義」という形式にこだわることで新興企業の育成をしていった点は、特筆されるべき意味合いを持ったと考える。

2　「合本主義」導入への意思

「合本主義」とは何か

一八九九年四月、第二二回竜門社〔渋沢門下生の修養親睦団体〕総会で、添田寿一が「奢侈の時弊」と題して、日清戦争後、国民が奢侈に傾いていく弊害や悪習を慨嘆して語ったあと、渋沢は「株式会社の将来」と題する講演を行なっている。そこで、渋沢が挙げた遵守事項は以下である。

第一、株式会社の当局者が、その会社の事務を処弁し、財産を管理するに当っては、全く自己の所有物を愛護すると同一の精神を用うべきこと。
第二、株式会社の当局者は、法律およびその会社の諸規則を格守し、いやしくも粗忽《そこつ》の行為、姑息の挙動あるべからざること。
第三、株式会社の役員は勉めて情弊を矯めて、改進を謀るべきこと。
第四、株式会社の役員は、一時の栄誉衒《てら》わずして、事実の成功を永遠に期すべきこと。
第五、株式会社の役員は、特殊の勢力を恃《たの》み、一種の事情に制せられて、公平を欠くべからざること。

（『竜門雑誌』一九〇〇年一月号）

ここで、渋沢は「法律」論議に止まらない、会社経営の「精神」論も訴え、社会状況に抗するための自戒を呼びかけている。

この「株式会社」形成の核と位置づけられたのが、「合本主義」である。たとえば、一九〇九年二月、竜門社の会員総会では、渋沢は次のような持論を展開している。

「実業も……これを世の中に拡めようというのに、……商工業者が相当なる利益を得て発達するという方法を考えねばならぬ。その方法は如何にしてよろしいか。……一人だけ富んでそれで国は富まぬ、国家が強くはならぬ。ことに今の全体から商工業者の位置が卑しい、力が弱いということを救いたいと覚悟するならば、どうしても全般に富むということを考えるより外はない。全般に富むという考えは、これは合本法より外にない」。さらに、「一個人だけではなく、社会全体が富む必要がある」という考えから、渋沢は、個人資産の蓄積に汲々とする人物を批判する戦略を取った。そして、自身は大富豪になるつもりはないとの証言をしばしば残しているが、この講演でも、「自分は独占的に富むことを好まない。自分は、金銭は世を益する事のために散ずるがよいと考える。自分は淡白主義であり、中産者で満足である」と述べていた（渋沢「青淵先生の訓言」『竜門雑誌』同年二月号）。

「渋沢合衆国の大統領」

この時の講演では次のような言葉も発している。「会社の組織は、一つの共和政体のようなものであり、株主はなお国民のようなものである。選ばれて事に当るものは、大統領もしくは国務大臣が政治を執るようなものである。果してしからば、その職にいる間は、その会社は我が物である。……真に我が物と思わなければならぬ。またある場合には、全く人の物だと思わなければならぬ。その権衡を誤ると会社は安穏に維持する事は出来ない。あくまでもその会社を私し、会社の勢力によって我身を利し会社の御蔭をもって我幸を得るというようなことがあったならば、これすなわち会社を家にするのだ、国家を家にするのだ。国家を家にするといふことは、すでに憲法の精神からは大なる誤である。会社というものを安穏に健全に盛んならしむるは、右の覚悟が甚だ必要だ」。

この講演が行われた数カ月前に『実業之世界』一九〇八年一一月号は、「もし渋沢男爵が死んだならば」という大胆な社説を掲げ、渋沢の過去・現在の功績評価を試みている。その中に「事業と言うものは、衆庶で集ってやらなければ国家の利益にならないと言う立脚地から、独占でやれば巨億の利をも私有し得べき事業を、株式会社を造ってやるのを悦んでいると言う風」で、「陰に陽に各実業団の牛耳を執り、ほとんど日本の実業界を打って一団となし、優に渋沢合衆国を建設して、その大統領たる渋沢男爵」との表現が見える。

「合本主義」（株式会社）の定着を課題とし、この時期に六〇あまりの会社に関わっていた渋沢であれば、たしかに「合衆国大統領」という比喩もあながち外れているものではなかった。

「自由貿易主義」から「保護貿易主義」へ

一九〇一年一〇月、渋沢は「保護貿易主義の必要を論ず」と題する講演を行った（『竜門雑誌』一九〇二年一月号）。その中で、「今後の経済政策は内国生産品の輸出を奨励する上、そして外国品の輸入にたいして内国品を発達させる上で、国家は保護貿易の方針をとる必要がある。これまでは自由主義を尊崇してきたが、近年の自由主義が不適当ではないかと疑うようになってきた。また隣国の朝鮮・中国に対する利益を軽視して、欧米における事業を重視するのは不得策ではないか」などの趣旨を論じた。この発言に至った理由として「自由・公平という立場にこだわり、遂に自国の輸出貿易を保護し、または工芸に対して輸入を防ぐということを忘れ、また彼の善をとり、美を学ぶという観念ばかりが先に立って、損益の経営を後にしたために生じてきた誤謬であろう」と説明した。

渋沢は、明治前期において「自由貿易主義」の立場を公にしていたのだが、ここでその転換を表明し、欧米と対等かつ「自由」な競争をすることを反省的に顧みるべき時期に至ったことを強調している。

『東洋経済新報』一九〇三年二月号に寄稿した「渋沢栄一氏の財界所感談」でも、「保護主義」が時代状況において重要になってきたと語る。

「我が事業家の競争者たる外国の事業家たる者は、資本・経験・智識において我より優れるもの多きのみならず、これを助くるに国家の保護政策をもってせり。ゆえに我が事業家にして、これと拮抗しその事業経営をなさんとするも、自分の力のみにてはとうてい不可能なりとせば、……これをいかにすべきか、ここにおいて研究すべき重大問題は、自由保護問題に帰着すると思う。

既往および現在の大勢に徴して自由放任主義を採るべしとは世界における有力なる議論にして、我国において田口〔卯吉〕博士の如き熱心にこれを称道せられ、天野〔為之〕博士の如きもややこの主義に傾かるるように思惟せり。余輩もまた英国産業発達の事例に徴し、また理論の根拠に照らしてこの論の確かに真理なるべきことを信じたり。

しかるに近時における独米諸国の発達、その根源保護主義に出で、しかも盛んにこの主義によりて世界の経済戦争に勝利を占めつつあることに思い及べば、自由主義なるもののみにて今日に処するは、果して時世に適する方法なりや、否やについて疑問なきあたわず。いわんや我国の如き、いまだ単独に自由競争をなし得るあたわざる事情あるの下においてをや。

ゆえに余輩は今後の我経済上において、もとより絶対的に自由主義を排するものにあらずといえども、保護主義に重きを措くこと必要なるを認む」。

田口卯吉と渋沢栄一

当初「自由貿易主義」を奉じていた渋沢は、その論客であった田口卯吉との関係も深かった。すなわち、一八七九年一月に田口が主宰する『東京経済雑誌』が刊行された時、渋沢は自らが会長を務めていた択善会の『理財新報』を廃刊し（同時に大蔵省翻訳課発行の『銀行雑誌』も廃刊し）、同誌に併合する形を取った。田口自身も『東京経済雑誌』創刊号に、雑誌が発刊できた理由を「けだし岩崎〔大蔵省銀行課長・岩崎小二郎〕、渋沢二君および択善会の光助あるにあらざれば、決してかくのごとき大業を興すあたわざるなり」と語り、岩崎と渋沢への謝意を前面に出している。実際に、渋沢はそれだけでなく、同誌に択善会の機関誌の役割を持たせ、また銀行や経済についての広い啓蒙を同誌に任せるようにした。さらに翌年五月に田口が自由主義的経済学者や官吏、実業家に呼びかけて創設した「経済懇話会」（八七年に「東京経済学協会」と改称）の会員にもなっている。

時代はだいぶ下るが、「東京経済学協会」が、一九二三年六月三〇日に「アダム・スミス生誕二〇〇年記念会」を実施した折に、渋沢は一場の演説をし、自身の道徳論とスミスの学説が一致していることを語った。すなわち、「私の愉快に思いますのはアダム・スミスの学説が私の信条たる道徳に一致する事であります。即ち道徳経済という事と利用厚生という事が一致し調和するものである事を見出したからであります。……先人の明識に感佩《かんぱい》を禁じ得ざる次第であります。二百年前のスミスの人格が偶然にも孔子の道徳論と一致したる事を思うて誠に愉快に思うと同時に本会の隆盛を喜ぶ次第であります」云々（『東京経済雑誌』一九二三年七月一五日号）。

渋沢は「自由貿易主義」から「保護貿易主義」へと転じるのだが、田口卯吉に対しては「日本のアダム・スミス」と賛じ続け、田口の没（一九〇五年）後も、『東京経済雑誌』を支援し続けた。またスミスについても、「道徳と経済の一致」論を説いた人物として、「孔子」を引き合いに出してまで、高い評価を与えようとしていたのである。

一九二七年に『田口卯吉全集』が刊行されたときには、渋沢は、女婿であった阪谷芳郎および佐々木勇之助（第一銀行頭取）とともに刊行会顧問として、積極的な支援を行なっていることも補足しておきたい。この全集の編集・執筆には、高野岩三郎・長谷川如是閑・櫛田民蔵・大内兵衛・福田徳三・河上肇・吉野作造など往時の自由主義系・社会主義系の学者・思想家多数が名前を連ねていた。そこに「財界の最長老」であった渋沢が顧問を引き受けていたところに、同時代における渋沢の交友関係あるいは思想的懐の広さが確認できるであろう。

3　商業教育への意欲

江戸時代の商人教育批判

「徳川三百年。商売に対しては、ほとんど教育はなかった」（渋沢「講話」『高等商業学校学友会雑誌』号外、一八九三年一一月）。「その時分の商売人の教育はどういう有様かと言うと、まず日常に申しておりますのが、『商売往来』と『塵劫記《じんこうき》』を読めば沢山だ。ヤア唐様《からよう》の字を書いてはならぬ。四角な字を書くと目が潰れるという様な教えで成立っておりました」（渋沢「講話」『東京日日新聞』一八九七年五月六日付）。

『商売往来』は、本来習字の手本として編集されたテキストだが、商業用語などが含まれており、商人の基礎知識を涵養した書物である。一方、『塵劫記』は算術の基礎を教えるための定番であった。両者が商人に対する必要最低限な基礎知識を養成した意味は少なくなく、渋沢の発言は少々辛口に過ぎる評価である。

とは言え、これらのテキストに発展的な教学内容が含まれていなかったのは事実であり、維新後の渋沢は商業教育に対し相当な力を入れていく。その根底には、江戸時代までの士農工商的な商人蔑視、あるいは官尊民卑を打破するという思想が据えられており、近代社会を創生しようとする渋沢が自らに課した重要な作業であった。

明治期における商業教育の嚆矢

渋沢が本格的に商業教育に関わるきっかけとなったのは、偶然的要素からだった。明治初期に外交官としてアメリカに勤務していた森有礼と富田鉄之助（のち日銀二代目総裁）が、アメリカのビジネス・スクールに着目し、一八七三年に同様な学校設立を政府に進言する。しかし新政府の産業教育は、工業と農業を重んじ、商業を軽んずる傾向があったため、この上申は却下されてしまう。

そこで、森は私設の商法講習所を設立したが、その後清国公使に任命され日本を離れてしまったため、渋沢らとの協議の末、同所は一八七五年東京市に譲渡される。その後、渋沢を中心として東京商法会議所が七八年設立された際、会議所が運営に当たることになった（管轄は東京府）。その後、八二年に農商務省管轄の東京商業学校へ、さらに八五年には文部省の管轄へと変転したものの、渋沢は一貫して同校の存続に意を払い続けた。

当の渋沢は、はじめは本格的な商業教育が不要と考えていたことを後に告白している。それは東京商業学校での八五年の仮卒業式の席上での発言である。曰く「〔私は当初〕ことさら巨額の金を費し、教師を聘して、商業学校を設けるの急要なし」と思っていた。しかしながら「その後、両三年を経、つらつら商業の形勢を実見するにしたがいて、予は実に前日の謬見を悔いるに至れり。ただにこれを悔いるのみならず、進みて商業教育を振作鼓舞せんと欲するの念、頻に切なるに至れり」(「東京商業学校沿革演説」『東京経済雑誌』八五年八月号)という考えに変わったというのだ。

東京高等商業学校の設立

現実の商業教育を間近で見るうちに、その重要性に気づいたと語る渋沢は、東京商業学校への支援を本格的に行なっていく。一八八五年に同校は文部省管轄になり、八七年に高等商業学校と改称。一九〇二年、神戸高等商業学校の設置にともない、東京高等商業学校が正式な名称となり、二〇年には大学令に基づく東京商科大学に昇格。こうした同校発展の一連の流れにおいて、たえず渋沢はその支援の中心勢力に位置し続けたのである(ちなみに、一九四七年の新制大学への移行で、同校は一橋大学になった)。

渋沢は、同校の卒業式に極力臨席し、実業家として羽ばたこうとする若者たちへ祝辞を送り続けた。一八八九年三月の第一回卒業式では、次のように語りかけている。

「今日有様が一般の思想政治に傾いていると見えて、いやしくも書生たる人、その学ぶ所の学科何たるを問わず、口を開けば、グラッドストーンは人傑とか、ビスマルクは英雄とか、または我邦にて誰れ彼れとか、とかくに文勲武功に有名の人を賞讃するようになりますが、これは名誉の位置がその所に傾きやすいからその方に思い込むというものにて、また免れぬ道理でもありましょう。

さりながら、諸君はその方に望みを棄て、商業に就かれようとすることであるから、もしさような考えに望みを置くと、山に登らんとして舟を造っているやうなものであります。……畢竟この妄想の生ずるも、商業は位置の低いものと思い誤まるからの事と存じます。私が商人の一部分であって、こんなことを申すもおこがましいが、商人は名誉の位置で無いと誰が申しましたか。私は、商業で国家の鴻益をもなせます。工業で国家の富強をも図り得られます。商工業者の実力は、よく国家の位置を高進するの根本と申して、よかろうと思ひます」（『東京日日新聞』一八八九年三月二六日付け）

ここでは、「文勲武功に有名」とならずとも、商業を通じ「国家の富強」に貢献できるのであり、またそうした人材育成を東京高等商業学校が担うべきことを強く訴えていた。

渋沢は、他の機会にも、実業家の地位向上の問題、また経済が政治や軍事に対し、対等性また優位性を持つことについての私見をしばしば開陳している。

「私が経済界について見まするに、日本の商工業はここ四〇年の間、年々歳々進歩してきたのです。……国力の発展は、いかにしても実業の発達に俟たなければならない。政治といい、外交といい、軍事といい、すべてその進歩し発展するには、まず実業の発達ということを基礎としなければならない」（渋沢「甲府官民有志主催栄一歓迎会における演説」一九〇七年四月二六日、『伝記資料』別巻第五）。

「営業上の行為がすべて道理正しく、誠実に処理されるならば、それがすなわち真正なる道徳となるのである。……国家に尽すゆえんであるとの思慮をもってやるならば、それこそ完備せる商業道徳の実行である。……そは政治家が政治に力を尽すのも、軍人が戦場に命を捨つるも、はたまた商工業者が営利的業務を行なうのも、その働きは、みな揆を一にするものといってよかろうと思うのである」（『青淵百話』「26　日本の商業道徳」一九一二年）。

さらに、渋沢は旧来の商業教育蔑視を克服するため、東京大学に対する批判も行なった。曰く「国民の租税をもって、これだけの教育をしてくれるというのは、国家を裨補するために違いない。国家を裨補するには、お役人さえ造れば、日本の国が大変強くもなり、富みもするといえぬことは弁を待たずして明らかである。しかるに、ここで学ぶお人達が、さように実際の商売もしくは工業に付いて働くという事を卑しめ、かつ嫌うという風があった日には、一体この学校は何の必要になる」（以上、渋沢「実業ト学問トノ関係」『竜門雑誌』一九一二年二月号）。

これらはみな明治末期の発言であるが、立憲政友会の結成（一九〇〇年）を引き合いに出すまでなく、この時期に実業家の力量は、政治の方向性を左右するものになりつつあった。その先導者の一人であった渋沢は、「政治家や軍人」を、さらには東京帝大出身の官僚を厳しく批判し、商業者の地位向上を図っていく。そして、東京高等商業学校の発展がそうした偏見を修正していく役割を担ったことは言うまでもない。

様々な商業学校設立への協力

一八九八年、大倉喜八郎が自身の還暦記念として、五〇万円の資金を提供し、商業学校設立を構想した時に、渋沢は設立委員の一人に就き、また協議員兼監事になった。そして、大倉商業学校（現・東京経済大学）として、一九〇〇年、開校式を迎えた時には臨席し、講話をしている。また一九一四年創立の高千穂高等商業学校（現・高千穂大学）では、評議員を務め、また同校を「高等商業」に昇進させる際には、募金集めに協力している。

それら以外にも、大阪・神戸・長崎等の高等商業学校をはじめとし、各地の公立・私立の商業学校において、乞われれば講話を進んで行い、商業の未来を担う若者たちを元気づけた。

渋沢が「商業」の役割を公益と私利との関係性において論じている一節を見ておこう。

「商業は決して個々別々に立つものではない。その職分はまったく公共的のものである。ゆえにこの考えをもってそれに従事しなければならぬ。公益と私利とは一つである。公益はすなわち私利、私利よく公益を生ず。公益となるべきほどの私利でなければ、真の私利とは言えぬ。しかして商業の真意義は実にここに存するものであるから、商業に従事する人は、よろしくこの意義を誤解せず、公益となるべき私利を営んでもらいたい。これやがて一身一家の繁栄を来たすのみならず、同時に国家を富裕にし、社会を平和ならしむるに至るゆえんであろう」（渋沢「商業の真意義」『青淵百話』一九一二年）。

ここでは、商業活動が「公共」「公益」に適うためのものであることが強調されている。日露戦後以降、実業界の一線を退いた渋沢は「公益」事業に多く関わっていくことになるが、その意味において、「公益」を重んずる渋沢の思想は一貫していたと言えるだろう。

東京大学での講義

東京大学が誕生して間もない時期である一八八二年から数年間、渋沢が東京大学理財学科で講義をしていることにも触れておきたい。

これは、前年八一年に、同学科が成立したことに伴い、新科目「日本経済論」の講師に嘱されたためである。ここで、渋沢は複数の担当者の一人として、銀行業務の実況、主要都市における商業の実況、日本銀行の組織および業務について講義した。

渋沢が書いた講義概要には「およそ理財の学における、よく実際を詳にして講究するにあらざれば、もって実用に適するを得ず。総理ここに見あり。さきに余に嘱するに本邦理財の実況を講説するを以てす」。「本邦の商業をして殷盛の境に進歩せしめ、理財の学をして空論に渉らしめざるは、それただただ実務を講究するにあるとのみ。これをもって不肖を顧みずして、その嘱託を諾せり」と記され、実用への応用を重視していたことが分かる（『東京大学第三年報』一八八四年、島田昌和「経済立国日本の経済学」『岩波講座「帝国」の学知』第二巻所収）。

この講義から三〇年あまり後の一九一二年、渋沢が「実際の商売」を知らない官僚を東京大学が養成することを批判していたことは先に見た。実は、同年発行の『青淵百話』では「明治の実業教育」の節を設け、東大講師になったことについて「余も多忙の身であったが……実業教育振興のためと観念して講師たることを承諾した。……要するに、政略的講師で、銀行の頭取も帝国の最高学府に教鞭を取り得るものである、官尊民卑は誤解である、と一般学生および世人に知らしめるの目的であったのだ」との意味づけを行なっている。確かに「実業（銀行業）」の「実務」の位置を高めようとしていた渋沢の政略は一本筋が通ったものであったと言えよう。

以上、商人の地位向上を課題とした渋沢は、商業教育の理念や実際についても大きな貢献を果たしてきた。徳川昭武随行者としてフランスに滞在した際、商人（実業家）の地位が政治家や軍人と同等であったことを見聞した渋沢であればこそ、そこに可及的速やかに追いつくための尽力や投資を惜しまなかったのである。

4　明治大正期の政治過程と渋沢

台湾出兵反対意見

渋沢栄一は対外戦争の遂行について、国家財政的見地から是々非々の対処をしている。そのはじめは明治初年の台湾出兵をめぐってである。その可否を論じる会議が一八七二年一一月に開かれた時、大蔵官僚時代の渋沢は井上馨の代理で出席し、「廃藩置県の後、その政務を顧みれば、毫も整理の実が挙らぬから、国家は疲弊して人民は窮乏に苦しむ最中である。しかるに、このさい事を外国に起して干戈《かんか》を用いんとするは、実に危険千万な事で、たとえ外征に勝利を得るにもせよ、内地の商工業をこの上衰頽させる時は、いたずらに虚名を海外に売るに過ぎぬ事だ」と述べたという（『雨夜譚』）。井上・渋沢の意見がどこまで効力を持ったかは置き、この時は即時の出兵がされなかったことは周知の通りである（ただし、両者が官僚を辞した後の一八七四年二月には出兵が決定されている）。

日清戦争と渋沢

一方、一八九四年に勃発した日清戦争に関しては、積極的な貢献をしている。政府から軍事公債募集を求められたのに対し、三井八郎右衛門・岩崎久弥・福沢諭吉らとともに「報国会」を結成し、公債や献金への協力に奔走した。渋沢個人としても、軍資金中へ一〇〇〇〇円を献納し、また従軍者家族扶助のため一九〇〇円の寄付をしている。さらに三〇万円分公債を購入し、また第一銀行サイドからも七〇万円を申し込んだ。公債の第二次募集が行なわれた際は、病中にもかかわらず、協力宣伝し、目標額達成に尽力した。戦後、大蔵大臣の渡辺国武は「これ実に先生の賜なり」との感謝状を渋沢に送るほどであった。

渋沢栄一の日清戦後経営論

下関で講和条約が結ばれて間もない八月に、渋沢は「戦後経済談」という談話を新聞に発表している。その中で、軍人が軍備費増額をしたいと希望するように、経済家としての私は軍備費を減らし、生産的に使う分が多いことを望む。そもそも賠償金により軍事費拡張をすれば、年々その維持費が増えることは必然なので、政府には軍事費拡大を抑えてほしいという主旨を述べた後、さらに清国から獲得した賠償金三億円の使途について、「一億万円ないし一億五千万円は軍事拡張費として、これを支出すべし。しこうして、残額一億五千万円ないし二億万円は、清国より受取るも、ロンドンにおいて、確実なる公債を買い置くべく、しこうして、ある一種の論者が主張する如く、整理公債を消《(銷)》却するか、または軍事公債を消却する等のことは断じて取らざる所なり。……今もし償金を以て公債を消却することあらしめんか。金融はたちまち緩みて、物価は甚しく騰貴し、しこうして投機熱は流行し、その極は恐慌を来すこと、ドイツの覆轍〔失敗の前例〕を見ても明らかなり」とも語っている（『読売新聞』一八九五年八月二七日〜九月一日）。

すなわち、賠償金は生産的事項に使うべきであり、軍備増強に注ぎ込むことは、財政悪化につながるという立場からの反対表明であった。またそれを軍事公債の償還に当てると、金融に混乱をもたらし、物価騰貴や恐慌につながるので、賠償金の半分以上は、ロンドンで確実な公債を購入しておくことが経済的安定となる旨を展開していたのだ。

当時の財界は、賠償金を市場で運用することを願う声が大きかった。しかし、渋沢はその政策が安易な景気浮揚の保護主義的展開にすぎないと、自由主義経済論の立場を貫いたのである。

なお、渋沢の日清戦争観について、「日清戦争が済んで、先生が『日本が負けりゃよかった』など言ったりされたのも、皇室や国家を主とせず、民権に重きを置かれたことを示す面白いエピソードと思います」（「尾高豊作氏談話」一九三六年六月十日、『伝記資料』別巻第八所収）という証言が残る。真意はやや測りにくいが、戦勝による軍国主義熱の沸騰や三国干渉による日露戦争待望論などによる軍備増強が、生産的事項や民生を圧迫していくことを懸念する文脈においてではなかったかと思われる。

営業税増税への抵抗

渋沢は、一八九五年一〇月、名古屋市で行なわれた商業会議所連合会大会の講演「戦後の経営を如何にすべきや」で、陸海軍の軍備と商工業がバランスよく進歩発展することが最肝要であると述べ、急速な軍事費増加に反対した。また同時に、営業税などの新税を導入することは、せっかく育ってきた民間経済の成長を阻害することである、と政府の財政膨張を牽制した。さらに、一八九六年四月の竜門社総会では、一八九〇年の経済不況に倍する戦後恐慌がやってくる可能性を示唆し、それを防ぐべき方途を模索している。

また、日清戦後の軍備膨張が営業税引き上げを伴うことが明らかになった後、それに不満を持った渋沢は東京商業会議所会頭の名を以って、営業税法の修正を請願し、一八九六年一一月の商業会議所の宴会で、こう述べた。

「元来商工業と申すものは、至って平凡なものである。……しかしながらこれが相集った力は、随分強いものと申してもよろしいと考えられます。……ヨーロッパに雄を擅《ほしいまま》にして、各国の頭に立つということも、その根源は商工業の発達にありは致さぬか。……かく申す如くであったならば、平々凡々軟々弱々たる商工業は、至って非凡な広大な力を持っているものと見てよろしいと思います」(「青淵先生の演説」『竜門雑誌』一八九七年一月号)。

さらに日清戦後社会で、渋沢は、商工業者による経済活動を「鼓舞作興」するための税法として、地租増徴を考えるべき、と主張した。一八九八年一二月には次のように語っている。

「二十七、八年戦争の以後にあっては、この東洋の政治気運も大いに変って参りましたがため、これと同時に商売においての気運も、昔日と面目を改めましたと申さなければならぬ。ちょうど政治に注意し、軍備に注意すると同時に、我々の商工業においても大いに鼓舞作興を図らねばならぬ時期であろうと考えるのです。……この経済というものが完全に発達して行くは、〔略……国家財政を鞏固にする必要がある。その方法手段として〕地租を増加するという事は実にやむを得ざるに出でて、どなたでも御承知の事柄であろうと思うのでございます」（「地租増徴期成同盟会における渋沢会長の挨拶」『竜門雑誌』同年一二月号）。

一八九七年の第一二議会から翌々年の第一三議会まで相当の紛糾を経た末に、遂に地租増徴は可決される。その結果、農民の利益を重視する社会構造から、商工業者との利害調整をした上で徴税対象が決められていく仕組みへと移行していくのであった。

金本位制実施と渋沢

日清戦後の政府は、公債による資金調達を行うことによって、軍備拡張や国内整備を目指そうとした。そして、国内での債券発行が飽和となった後、国外での発行を構想していたため、イギリスなどが導入していた金本位制を日本も採用する必要を講ずるようになっていた。

金本位制をめぐっては、松方正義・高橋是清らをメンバーとする貨幣制度調査会がすでに一八九三年に設置され、事前準備が進められていた。調査会委員二〇名の多くは、渋沢をはじめとする導入反対派であったとされる。しかしながら、松方の強い意向や推進派の大蔵官僚の腐心により、一八九七年三月「貨幣法」の成立を経て、金本位制が成立し、同年一〇月に施行されていく。

金本位制導入をめぐる諸氏の見解を、一八九七年四月に発行された大久保義雄編『金本位之説明』から紹介してみよう。これは本の題名通り、導入が決まった金本位制を「説明」しようとするものだったが、「付録」として経済界・学界等二一名の賛否が載せられている。その内訳は賛成が九名に対し、反対が一二名もあった。

渋沢栄一は「反対」論に立ち、その主旨は、「〔導入の真意は〕公債に依りて今の財政計画を完成せんとするにあるがごとくなれども、もし特にこれがために現行の貨幣制度を改正するがごとき要あるについては、これをともに後患をもたらすについても、また大いにこれを考えるの要あるを知る」というものであった。つまり金本位を基本とする外債募集によって、財政放漫になり、景気悪化に至ることを懸念していたのである。特に「とにかく紡績業者は金本位のために苛重なる租税を課せられたりといわざるを得ず。……救済策〔三百万円の融資〕たる、紡績の困弊に対しては、さながら目薬くらいの効験すらこれなからんも、しかもなさざるに優れりといわざるべからず」云々と、自ら関わっていた紡績業などの「困弊」についての憤激を隠していない（渋沢「経済時事談」『竜門雑誌』一八九七年一二月号）。

すなわち、現状の銀本位制こそが、金本位制国への輸出に有利に働き、また輸入防壁の役目も果たしているとの考えから、変更を良しとしなかったのである。これは、往時の経済界や経済学者の主流的考えであった。

ところが、実際に金本位制が施行されると、銀本位国である清国への紡績輸出については予想通りの打撃を受けた反面、原料輸入の面では、日本も得るところが多かったことが判明する。結論から言えば、金本位制実施による為替の安定と米綿輸入におけるプラスが、紡績業へのダメージを一時的に留めることが明らかになったのだ。

金本位制が日本資本主義に貢献する存在であることを次第に理解した渋沢は、「今直にこれを実施するは、あるいは経済界を混乱する虞ありとして、大いに懸念しましたけれども、公（松方正義）は断乎として遂にこれを実行せられた。……これは私の浅薄なる知見の致す所ではあるが、松方公が卓乎として金貨制度の実施に邁進せられた先見と勇気とは現代稀に見る所であ」るとして、松方評価と対比する形で、自己反省を後に示すことになる（渋沢「故松方公に就て」『竜門雑誌』一九二五年二月号）。

とはいえ、翌九八年には、財政赤字と正貨準備不足が露呈し、戦後恐慌に見舞われる。しかしながら、政府は軍拡路線を維持し、財政赤字路線も改めず、また景気回復のための有効な金融政策を採用しなかったため、不況は長期化していくことになる。

鉄道国有法と渋沢

渋沢は、日清戦後不況を脱却するために、軍事費抑制と民間企業への外資導入を主張した。しかし、前者は国策が対ロシア開戦に向かっている現状では、いかんともし難かった。また後者については、政府が公的資金を安易に民間企業に入れることは、長期的に見ると日本の国際競争力を削ぐことになると考え、外資を利用する方途を模索した。

こうした折柄、主要鉄道を国有化することで、政府資金を民間に還流しようという主張も現れてきた。これに対し、渋沢は「外国の資本の入るは、今の鉄道国有論者の公債で入れるよりは、即ち鉄道を私用にしておいても、外国の資本を入れる方便にはなりはせぬか。あるいは、一箇の会社が社債を起こしても入って来るであろう。故にむしろこれを国有にせぬでも、相当に資本の入れ途は大いにありはせぬかと思う」と述べ、鉄道は私有とし、そこに外資を導入することによって、資金不足を解決できるとした（渋沢「経済界の前途」『東京日日新聞』一九〇二年一月一日）。

ただし各鉄道会社に直接外資を導入するためには、会社の担保力を規定するための法整備が必要であった。そこで渋沢らは、桂太郎首相らに働きかけ、一九〇五年一月の議会で「鉄道抵当法」を、「工場抵当法」、「工業抵当法」とともに成立させることに成功した。

しかし、渋沢の目論見とは別に、政府は鉄道を国有する方向を選択した。翌年〇六年三月には、帝国議会で「鉄道国有法」が可決され、ただちに公布されることになる。

鉄道国有法と「経済保護主義」是認

明治前期においては「経済自由主義」的思考を有していた渋沢が、日清戦後に転換を見せていくことは先に見た。それは、国家による産業保護政策を取ることが、国際競争に勝利する道であり、古典的な自由主義経済はもはや成り立たないという見解であった。

鉄道国有法について、渋沢は法案可決前に「自分等も最初は反対した政策であるけれども、今日の場合あるいは同意せざるを得ぬかと思う」（渋沢「鉄道国有談」『時事新報』一九〇六年二月一〇日）との感想を漏らしている。

なぜ、「同意せざるを得ぬ」と思ったのか。それは、国内鉄道網をまとめ、運賃も安定させることで、国内産業の国際競争力を高め、さらには朝鮮半島内にも鉄道を敷設することで、優位な経済圏を作ろうとする政府の方針に、渋沢も同意を示すようになったという事情であった。つまり、対外的には保護政策を取ることによって、対内的には個別企業の力を蓄えさせようとする方向への転換を示したのである。

しかしながら、最晩年の渋沢は生涯の中で「一番残念に思ったこと」に、次の内容を挙げている。「私は日本に鉄道を多く敷設しようとして、民設鉄道法なるものを制定して法律にした。ところが、これと反対に国有となって、その法律を実施することが出来ないのは、今もって残念に思っている。もしそうでなかったら、日本の鉄道は今よりも一層多く敷設されて如何に国民の利便を図っていたかもしれない。と思うと、今もってその感が深い」（渋沢「米寿を迎えた私の思い出の数々」『実業之世界』一九二七年一月号）。鉄道国有は結果として、民間会社の「自由」を抑圧し、結果として「国民の利便」から離れた部分もあるという認識が米寿を迎えた渋沢の思いであった。

『実業家百傑』第一位と爵位獲得

「国家の盛衰は実業の盛衰に因る」との文言を堂々と謳った『実業家百傑伝』（坪谷善四郎編著）という評伝が、一八九二年に発刊されている。「百傑」の第一番目に「実に君が一身は我国商業革命の上に至大の功績を奏したるものと言うべし」との最大級の賛辞を持って掲げられたのが、当時五二歳だった渋沢栄一である。これは、「国家の盛衰」には「実業」が不可欠であるという世論を作り上げた第一人者こそ、渋沢にほかならないという認識の表明でもあった。官僚を辞め、民間で産業を興すこと二〇年余。渋沢は、このような評価を与えられるまでに社会的影響力を確立していったのである。

こうした評価は、もちろん「国家」の側も共有するところであり、一九〇〇年五月、渋沢は実業家として初めて男爵に叙せられることになる。『青淵回顧録』（一九二七年）では、「授爵の恩命に浴す」の節題の下、次のような授爵の経緯が語られている。

「勲章とか爵位とかいうものは、すべて政治に関する名誉であって、商売に関する名誉ではないと了解していた。それゆえに授爵の恩命は実に予期せぬ事柄であったから、これを拝受するにもよほど躊躇した」。これに対し、商業会議所等の人が授爵の宴を設け、「ただ一人私の栄光を祝せらるるばかりでなく、我国の商工業の地位と信用とを高うした証拠である」と説明してくれたため、初めて心が安んじた、云々。

雑誌『太陽』の人気コラム「月旦評論」の担当者・鳥谷部春汀は、授爵直前の同年四月号で「渋沢栄一氏」を取り上げている。そこでは「明治必伝の二人物」として福沢諭吉と渋沢を並べ、「けだし福沢翁は思想の伝播者となり、渋沢氏は経綸の実行者となりたるの差はあれども、その物質的進歩を目的として心血を欧州文明の輸入に灑《そそ》ぎたるは、ともに同一なり」とまず述べる。その上で、「(渋沢が)かつて人に語りて曰く、およそ政治の大部分は商工の進歩を計るがために存すというも可なるにかかわらず、従来実業家はややもすれば政治家の鼻息を伺うの陋習ありき。今やしからず。在朝在野の政治家がかえって実業家の意思を問うの必要を覚るとともに、実業をして遂に政治の中心点たらしむるに至りたるは、実に我が宿望の幾部を達したるを喜ばずんばあらず」云々との発言を紹介した。

「士農工商」の身分差別を克服することを明治初期から掲げていた渋沢は、明治後期(一九〇〇年)に至り、遂に「宿望」を達することを得たのである。そして、それを追認したのが、「商人」に対する爵位授与という空前の事態だった。

『太陽』誌は、その前後に、「明治十二傑」特集号(一八九九年六月)、「現代の代表的人物」特集号（一九〇九年八月増刊）等をそれぞれ組んでいるが、そのたびに「商人」代表として選ばれたのは、やはり渋沢にほかならなかった。

さらに二〇年を経過した一九二〇年九月に、渋沢は子爵を与えられる。これを報道した『東京朝日新聞』（同月五日付け）は「新子爵の渋沢さんが忙しいニコニコ振り」という見出しを付け、『金儲を止め、階級協調と実業家を徳育する事に成功し切らぬのに』お恥《はずか》しいと子爵語る」と紹介した。後半部分はともかくに、前半の「金儲を止め」の言葉は、いつも「公益」との関係で語る側面を強調する渋沢にとっては、珍しい表現形態である。彼自身の自嘲的発言か、本音か。はたまた新聞記者が、彼らの渋沢像を投影したものであったろうか。

立憲政友会と渋沢栄一

話は、また明治中期に戻る。渋沢栄一は、憲法発布や議会開設が現実のものとなった日清戦後政治の現状に不満を抱いていた。つまり、「官僚味たっぷりであったので、……官僚的であることは最も排すべきであるから、思い切って政党を組織する必要があると思」った。「多数人の賛同に依って政治を行うということが本筋であるというのが、伊藤〔博文〕さんの考えで、それに私〔渋沢〕が賛成したのである」。「何れも袞竜《こんりゅう》の袖〔天皇の威徳〕に隠れて事を為そうとする有様であったから、私は伊藤さんに、速に政党を組織するやうにと勧めた」のだと言う。

そして、遂に一九〇〇年九月、伊藤博文は立憲政友会を結成する（現実に渋沢の影響力がどれほどであったかは、保留せざるを得ないが）。そして、伊藤は、渋沢が当然に党員になるものと声を掛けたが、断わられてしまう。渋沢によれば、「伊藤の政治方針には賛成し、応援をするが、実業家である自身が、人の先に立って政治運動することはしない」（以上、『自叙伝』）という理由であった。伊藤は訝しくまた不満に思い、なかなか納得しなかったが、最後は大蔵官僚時代からの盟友・井上馨の仲介でようやく了解したという。

幻の渋沢栄一蔵相

その井上馨が、翌一九〇一年に首相候補に挙げられた。井上は、「渋沢が蔵相を引き受けたら組閣する」という条件を伊藤博文・山県有朋に出した。しかし、渋沢は「もはや役人にはならない」として大蔵大臣就任を固辞したため、結局井上内閣も幻に終わってしまう。

ところが、当の井上は渋沢の対応に怒りを示すどころか、「もし失敗して退くようだと、末路に名を傷つける。君が引き受けてくれなかったのが幸い」だと、「お祝い」のご馳走をしてくれたという（『自叙伝』）。

渋沢は官僚を辞した後は、財界人としての自身と政治家との間に一定の距離を保つという彼なりのポリシーを堅持していたのだが、蔵相就任固辞はその典型と言えよう。こうした対応について、三井の益田孝は、「渋沢さんは政治談が大嫌い……政治のセの字も一切やられない。私どもが政治談を始めると『政治の話はヤメヤメ』でした。……それでいて国家のためとあらば、政治上の問題であろうが何だろうが出て行って、どんどん処理されたところが渋沢さんの偉いところだったと敬服しとります」(「益田孝氏談話」一九三六年六月、『伝記資料』別巻八所収)との証言を、渋沢の死後にしている。

日露戦争と渋沢栄一

日露戦争開戦について渋沢は、軍事費膨張による財政逼迫を恐れ、否定的な立場を取っていた。しかしながら、参謀本部次長の児玉源太郎や首相の山県有朋の説得により、「余儀なく主戦論者になった」と言う。すなわち児玉から「貴方は平和論を頻りに主張なさるが、それは却って戦争を進めることになる。実業家がここで戦争論を唱えると、あるいは却って平和が続けられるかもしれない。日本がどうなってもよいと言うのならば兎に角、そうでなければ、この際私に賛成してくれ。……実は政治界ではもはや如何ともならない。それで経済界で一つ戦争説を唱えて貰いたい。現在ロシアは朝鮮を我が物としようとしている。貴方が朝鮮を取られても構わぬと言うならば致し方ないが」と必死の説得を受けた。その結果、「そんな失礼な事をロシアでやるなら、もはや戦争に反対しません」と説得に応じたという(「談話筆記」一九二七年一二月一三日)。

大蔵官僚時代の渋沢が台湾出兵に反対したことは触れた。それは、当時の上司だった井上馨の意見を「代理」で述べる形であったが、国家財政を念頭においた両者共通の見解であった。ところが、日露戦争に関し、渋沢が「開戦論」に転じたことを、井上馨は「渋沢は人が変わった」と批判したという。井上は、ここでも財政上好ましくない戦争と見ていたのである(「談話筆記」一九二六年一一月六日)。

井上の批判を受けた渋沢ではあったが、第一銀行関係者などに日露戦争に備えての軍事公債応募を熱心に奨励した。当時渋沢は、中耳炎を悪化させて入院加療中の身であり、過剰な奮闘のため一時重態に陥るほどであったという。

ここで、渋沢の戦争観について、簡単に触れておきたい。「余儀なく主戦論者になった」との弁明を聞くと、「お国の一大事」という児玉の泣き落としに屈したようにも見える。このおよそ十年後、第一次大戦時に渋沢は「戦争と経済は必ず相背馳するものであるが、……仁義の戦争であるならば、国民の気力が違うゆえに、場合によってはその戦争がむしろ国家に大なる裨益を与え、商工業に向ってかえって大いなる仕合せを与える」(渋沢「戦争と経済」『竜門雑誌』一九一五年三月号)と述べている。「義戦」ならば商工業にも利益を与えるので宜しいという考えは、合理的とは言いかねる発言だが、こうした発想について、「渋沢の軍備縮小論にも軍国主義批判にも、いま一つ迫力に欠けるもののあることも事実である。……日本経済人の戦争評価の甘さがそこにある」との批判がある(三好信浩『渋沢栄一と日本商業教育発達史』)。筆者もその意見に与するものである。しかしながら、渋沢が、財界の実力者として、政府や軍部の安易な行動に一定の歯止めをする役割をしばしば行なっていた点も軽視できないと考える。

日露戦後経営への見通し

一九〇五年九月のポーツマスでの講和を受け、渋沢はこう述べている。
開戦「当時の余の意見は、朝鮮の優占権を得て満洲より露兵の撤退をなさしめんと欲するに過ぎずして、全く国家自衛の念より出で、決して国家の領土を拡め、償金を得んと欲したる所以にてはあらざりき」。そして、講和の結果、「開戦の主旨は正に確実に達し得たりと言うも不可なからんが、さりとて連戦連勝の結果、我が国民の希望は増大し、また長期の戦争にわたりたる事とて、国家の事情は今ここに成立せる講和条件にて満足して可なるや。その条件は果して国民の希望に副うべきやは一の疑問ならん。……今回の講和は戦争の主眼目的は達し得たれども、そのやり方は決して成功したるものとは言うべからず。かの御用新聞が『光栄と《ママ》伴い利益と《ママ》伴う平和を得たり。これ戦功の結果なり。祝すべく慶すべく大成功をなせり。国民は小村〔寿太郎〕・高平〔小十郎〕両全権に感謝すべし』と謳歌する声に対しては、ただただ一言『馬鹿言え』と言いたからずや」。

日露戦争が侵略や賠償金獲得を目的にしたものでなく、満州からのロシア撤退と朝鮮での優占〔優先〕権を獲得するための「自衛」戦争であると渋沢は語る。しかし、講和条件に関しては、一般国民の不満を鎮めるというよりも、その不満を肯定し、外交面での失策を批判する渋沢であった。

さらに、「今日国民の考えるべきは、講和の不成功に歎声を発せんよりも、今後いかにして国を富ますべきかを考慮するを肝要なりとす。……もっとも不満足なる講和のため、一般に予期したるごとく新設事業の勃興を見ることなかるべきも、これかえって国として利益あるやも知るべからず。むしろ手控えから引締めたきものなり」とも語り、人々の意識や不満をプラスに転ずるような可能性を模索していくことになる（以上、渋沢「戦後経営難きにあらず」『実業之日本』一九〇五年九月号）。

日露戦後の政局運営に関し、渋沢は財政と経済のバランスを取るべきこと、軍費・政費節減の努力をすべきこと、生糸などの輸出品を保護すべきこと、鉄道国有を目指すべきことなどを訴えていく。さらに企業勃興熱の中で、南満州鉄道設立委員に就いたのをはじめ、東京電力、大日本麦酒、京阪電鉄、中央製紙、日韓瓦斯ほか、一九〇五年四月からの二年間に設立された五五社に関わりを持ち、これまで通り、渋沢が企業設立の中心にいる姿は変わらなかった。

渋沢栄一による西園寺内閣批判

渋沢は、商業者の利益を守るため、政府に対し、批判的姿勢をしばしば取った。一九〇七年に山路愛山が発表した「現代金権史」（『商工世界太平洋』誌に二〇回連載。〇八年に単行本として出版）には、次のような叙述がある。

「総理大臣西園寺侯、実業家の事業熱を冷かせしに、金持〔実業家・資本家の謂〕の側より、渋沢男躍り出て、逆《さかさ》まに政府の政費膨張を冷かせし由。青淵〔渋沢の号〕先生は憂国慨世の士なり。もとより政治家を馬鹿にするほどの心なしにあらざるべけれども、その意気を見るに、眼中すでに西園寺侯なしと言いつべし。我らは、政治家は主人にして金持は従者たりし昔日の天下が、既に一変し、金持は主人にして政治家は従者たるの時代、既に近づきたるを知るなり。否《しか》らざれば、温厚の君子、青淵先生にして、その鼻息の荒きこと、何ぞここに至るべけんや」。

山路愛山は、日露戦後社会で「金持」が、政治家を追い越し、主人たる地位に躍り出ようとしていることを見抜き、その牽引者として「憂国慨世の士」たる渋沢栄一を認定しているのである。

日露戦後の「軍部制限」論

渋沢が政治批判をする場合の多くは、限りある予算を軍備拡張に投ずることへの疑問であった。たとえば、第二次桂太郎内閣の「二個師団増設計画」を批判して、こう述べている。「帝国の財政は、……すこぶる困難を極め、前途なすべきこと起すべき事業、少なからざるにもかかわらず、財政困難のために繰延の止むを得ざるに至れる時に当って、陸軍拡張を断行せんとするは、偏武の譏《そしり》を免れず。……要するに、予は財政に余裕なしとの理由を以て、陸軍拡張に反対するものなり」（渋沢「師団増設如何」『時事新報』一九一一年七月一六日）。

さらに、納税者の立場から、軍事負担を批判し、「平和運動」を支持する発言もしている。

「最近に至って軍備拡張がいよいよ大袈裟になり、したがって国民の苦痛がますます甚しくなって来たので、問題の解決が著しく促進されて来たのである。……今日の平和運動は、その根底の一半を宗教的の博愛慈善の思想に据えていると共に、また一方から見れば、軍備負担の苛重に苦しむ苦痛の叫び声であり、軍備拡張に対する納税者の自覚であるとも解せられる。……いずれの国を問わず、無制限なる軍備の拡張は必ず生産事業の荒廃を意味する。……さらば、軍備に対する国民の自覚が大なる勢力となった暁には、各国の軍備は全く撤廃さるるかと言うに決してしからずと信ずる。国家としてまた国民として、相当の武力を必要とするのであるが、ただその際の軍備は決して侵略を事とせず。各国共に国を守らんがための軍備に過ぎない。ある者は、かくの如くせば、再び無制限なる軍備拡張を繰り返すと同一の結果を来すではないかと難ずるかもしれぬが、この際に言う所の軍備は、国民の生産能力、もしくは国民の所得を比例する軍備である。国民の生産能力を破壊し減殺しない程度の軍備である」（渋沢「軍事費負担者の自覚」大日本平和協会編『平和論集』同協会発行、一九一一年）。

自衛のための軍備までは否定するものではないが、「国民の生産力」に見合った軍備に留め、無制限なる軍拡に歯止めをかけるべきという提言は、とりわけ明治末期以降に「社会公益」を重んじようとしていく渋沢の重要な思想表明と捉えるべきであろう。

大正期における「政治批判」

軍拡への批判だけでなく、渋沢は大正年間に入ると、元老政治批判も展開している。「今回の政変は日本の憲法上容易ならぬ問題である。元老諸公が大隈首相の奏薦せる加藤〔友三郎〕子を排して、寺内〔正毅〕伯を推薦したと言う事について、自分の考えでは元老諸公が憲法を無視し、法治国家の何物なるかを無視して超然内閣を造るとは受け取れぬ事だ……一歩譲って……已むを得ざる超然内閣としても、軍国主義だけは全然棄ててもらいたい事である」（渋沢「軍国主義は御免――渋沢男の政局談」『大阪朝日新聞』一九一六年一〇月九日）。

さらには、政党に期待するあまり、その堕落を戒める発言も残している。

「近来政治道徳の頽廃を歎き、政党の腐敗堕落を痛憤する声が、ようやく熾《さか》んになって来たけれども、それは多く国家の利害よりも己の利害を先にするという所から起るのであって、人各々国家社会に尽すべき義務を忘れるから生ずるのである。私は大正五〔一九一六〕年に七十七歳になったから、せめてこの晩年を報酬のない公共的の社会事業や外交問題等のために尽したいと思って、全く実業界から引退したのである。

しこうして多年の勤労より得た多少の貯蓄を以て、全く報酬のない仕事で、しかも国家永遠の大切なる仕事に奉仕したいと期念したのである。……どうも国家の大事業を辞令をもらっている間だけ、責を塞ぐためにやっていると言うのでは、十分の効果を挙げる事の困難なのは言うまでもないことである。どうしても国家社会に奉ずるという奉公の至誠を以て、その職務に熱心なる努力を捧げるということが大切なる要件である。……政治は勢いでもなければ、力でもない。政治は明かに道徳でなければならないもので、これが政治の根本である。しかるに政治の表面だけをやって、少しも政治の真実に触れない今日の政治は非常なる大間違いをしているのである」云々（渋沢「政党の堕落と国策の忘却」竜門社編『青淵先生訓話集』一九二八年）。

明治末期以降の渋沢が、「論語算盤論」「経済道徳合一論」を説いたことを後章で見るが、ここには「政治道徳合一論」も強く訴える渋沢がいた。

また、別の回顧でも「内閣組織となってからほとんど四十余年、……その間銀行制度、各種諸工業、養蚕製糸等をはじめとして、我が国実業界の進歩の跡を見るに、ほとんど隔世の感あるほど長足の発達を遂げた。しかるに翻って、政治方面を観るに、その進歩がこれに伴わぬ様に思える。……特に衆議院の如きは、動物園という酷評さえ出ている程である。この一事に徴するも、義理にも政治界は進歩しておるとは言えまいと思う。私は歴代の内閣に対して、民間実業家の一人としてある時には苦情も申し、ある場合には援助も受けたが、幸いにいわゆる政商とはならず、純然たる一実業家として自己の独自の立場において働き、自分で申すのもおかしいが、多少社会的に貢献した積りである」(『自叙伝』)という苦言を「政治界」に呈している。

「政党政治」への支持共感

しかし、渋沢は「政党政治」には高い評価を与えている。一九二六年に成立した護憲三派内閣について、東京日日新聞記者の山浦貫一に語ったインタビューが残っている。「私は伊藤〔博文〕公と懇意だったが、たしか明治三十二〔一八九九〕年かな。伊藤さんに忠告したことがある。伊藤さんは、憲法を作り、議会をはじめたくせに、ともすれば御都合主義で政党をきらう風があった。……そこで伊藤さんに憲法を布いて、議会を開きながら、政党は陰険だの、天子の権力が動くなどというのは、おかしいではないですかとね」と批判した旨を記者の山浦に語ったと言う。そこで、山浦は「で、結局政党政治が絶対必要なもので、清浦、山本、加藤〔友〕内閣の様な中間、官僚、超然内閣はいけない。その意味において現内閣は三派連立の大々的政党内閣だから申し分がないということですね」と渋沢の言いたいことを代弁する形で文章をまとめている。

山浦は文章の最後で「だが、つらつらおもんみるに、この老人、いつの内閣だって、ほめる一方でくさしたためしがないんである。その手で、八十五歳の今日まで連綿として無事泰平に生きのびているんです。全く喧嘩ずきの日本では国宝の価値が十分ある」(山浦『政局を繞る人々』一九二六年)と多少の皮肉も加えているが、渋沢が昭和初期の「政党政治」を肯定する意思を同時代の新聞記者に示していたことは銘記してよいだろう。

5 「日糖事件」と実業界からの引退

日糖事件と渋沢栄一

渋沢が「実業界のよろづ屋」と自称し、明治期において多くの会社の役職に就いていたことに対する評価は、同時代においても毀誉褒貶《きよほうへん》さまざまあった。

『実業之世界』一九〇八年一一月号は、「もし渋沢男爵が死んだならば」という大胆な「社説」を掲げ、近未来予測をしている。そこでは、渋沢が関係する諸会社は、設立初期は別にして今や安泰的経営者を得ているので、その死後も心配ない。ただし、「七十に近い男爵の声望」、「勢力と信用とを利用して、事業をなそうと言う意気地なし連中は差し向き途方に暮れるであろう」。「男爵が死んだならば、紛擾の仲裁等においては殊に社会はこの大公人を失うの損失を最も痛切に感ずるであろう」との予想が展開されていた。

ここに見える「意気地なし連中の面倒を見ている渋沢」に辟易していた人たちの渋沢批判を勢いづかせることになるのが、一九〇九年の日糖事件であった。

日糖（正式名称は大日本製糖株式会社）は、一九〇六年一一月に日本精糖株式会社と日本精製糖株式会社とが合併してできた新会社である。渋沢はこの会社の相談役に請われて就いたが、〇九年一月に経営をめぐる混乱から、相談役を辞任するに至る。さらに同年四月から同社による政界工作が摘発されはじめ、同社重役や衆議院議員が多数拘引された。七月には、代議士二四名中、二三名が有罪判決を受けるという一大疑獄事件へ発展していく。

『実業之世界』誌上における渋沢批判

『実業之世界』同年五月号は、事件を受け、「一五大名士の男爵渋沢評論」という特集を組んでいる。その中から、いくつかの評価を拾ってみよう。

まず特集を組む趣旨説明にはこう書かれていた。「日本第一の実業家であると言う世の定評は牢乎として動かすべからざるものであるが、最近の男爵は、端なくも誹譏《ひき》紛々たる衆評の火中に樹って居る。……大立物たる渋沢男爵に注がれた一五名士の評論は、やがて実業家が社会に立つべき根本義を披瀝したものではあるまいか」云々。

そして、一五名の先陣を切ったのは、大隈重信である。渋沢の官僚就任を説得した時からの知り合いである大隈は「アレは英雄でもない。豪傑でもない。情に脆《もろ》い人である。……またごく人情に厚いという点、これも渋沢の最も美しい所であろう。……親の心子知らずで、せっかく渋沢が親切に世話をしてもその部下のものが失敗する。渋沢に取っては実に気の毒なわけである。……事業界のいまだ完成していない日本には、やはり渋沢のような人が必要だ。渋沢は死ぬまであんなことをやって行くだろうよ。引込思案にあってはそれまでである。引込まぬところが偉いのだ」。

ここで、大隈は、義理人情を重視し過ぎる渋沢は時には部下の失敗で批判をこうむることもあるが、そうした行為自体は美しい、と評価した。

同様な言い方で、後藤新平（当時逓信大臣）も「自ら進んで非常な難局に立ち、非常な面倒を引受けて居る。……〔個人的なことではなく、いつも天下国家を考えている〕彼は立派な国士という事が出来る。ただ金壁の微瑕ともいうべきものを挙ぐれば、彼が八方に好意を表せんとする処からして、多少十分なる責任を尽す事の出来ない場合である。しかしながら、これは彼の罪というよりも、むしろ社会の罪である。……何人といえども多少の欠点はあるが、しかし日本においてキズのなき人と言えば、アノ人くらいなものであろう」と、「国士」渋沢が傷を負うとすれば、それは社会の側に問題があると弁護した。

この特集中で、批判的な意見を述べている人物の一人に、井上角五郎（当時北海道炭礦汽船会社専務）がいる。すなわち競争している両方の会社の相談役等になっているのは「何でも御座れ」の態度であり、それは「社会を欺いていると言わねばならぬ」。「一度退隠して新進気鋭の人達に任せて」みれば良い、という見解を述べていた。一方、村上定（当時共同火災専務取締役）は、私生涯では「人格の円満な」「誠心誠意の人」である。しかし、公生涯での今回の「醜態」は、「男爵未曾有の失敗である。……世間はもう頼むに足らない人だと思って居るだろう……ここにおいてか、男爵はむしろ潔く実業界を退隠して、私生涯において、立派な生涯を送られたら好かろうと思う」という見解を示した。さらにまた「東京某新聞社長談」として、「渋沢さんは人が好いから、随って部下に対しても温良に過ぎて……今度の日糖会社の如き、紊乱を重ねたるものさえ、断乎と改革することが出来ない」との寄稿も掲載されていた。

とは言え、批判的見解を述べる人も、渋沢の「誠意」や別方面での功績については高い評価を与えており、特集を組んだ『実業之世界』誌全体としては、渋沢に対し、同情的な論評を集めていたと言える。

なお、これらの寄稿の中で、大倉喜八郎が「岩崎弥太郎氏の個人主義と渋沢男の国家主義」の題名で、さらに早川鐵治が「渋沢男と安田〔善次郎〕君とは比較にならぬ」との題名で、同時代の実業家との比較をし、渋沢の存在意義を高めていた点には改めて注目しておきたい。たとえば、早川は「安田は個人としての安田であり、安田家の安田である。渋沢男は実業界の渋沢、日本の渋沢、世界の渋沢であって、両人の間に天地霄壌《しょうじょう》の差がある」とまで断じ、渋沢の功績を弁護した。

渋沢による弁明と反批判

『実業之世界』誌はこうした論評群を一五本載せた末尾に、渋沢本人による「事業に対する余の理想を披瀝して日糖問題の責任に及ぶ」を掲載している。この中で、渋沢は、①自分の「商売には断じて秘密」がないこと、②「会社および株主に対する重役の覚悟」が必要なこと、③「殿様重役、デモ重役、悪徳重役」とは異なり、「経世済民」を理想として事業経営をしていること、④「公私の別を明か」にしていることなど、渋沢自身の思想とそれに基づく方針を切々と訴えた。そして、この「事件」については、女婿であった阪谷芳郎前蔵相の紹介で社長に据えた酒匂常明が、「軽く言えば呑気な人、悪く言えばボンヤリした人」であり、幹部数名による政界工作などに因り、会社の会計が不備になったことに気づくのが遅すぎた、との批判を示した。

さらに「私が世間の信用を濫用して、妄りに多くの営利事業に顔を出すというて、攻撃する者もあるやうである……〔しかし〕たとえ不正な事があっても、渋沢がどうかしてくれるだろうという依頼心を持つのは、その人の心得違である。その心得違を責めずに、ただ渋沢が関係しているのが悪いというて攻撃するのは、実に残忍な仕打と言わなければならぬ。……相談役くらいのものに、どんな些細な点まで分ると思うのが、篦棒《べらぼう》だ。それを自分の都合の好い時ばかり、引張出して置いて、間違が起ると、渋沢それ見ろというて詰責する。大きな御世話だ、馬鹿を云うなと言いたくなる。あるいは私がやったればこそ、いまだその害が少ないのかも知れない。……世間に日糖事件に対する責を引いて、実業界を退けといふ勧告をするものもあるけれども、私はこの際断じて退隠しない。なぜかとなれば、世間の人が皆こういう具合に、何に一つの事業に失敗する毎に退いて世を送るという事になったならば、国家の前途が思いやられるでは無いか。……私は不肖といえども、自分の責任を自覚している。私は決して徒らに退隠するものでない」と語気を強めて、文を結んだ。

『日本及日本人』誌の渋沢批判

日糖社長・酒匂常明は、渋沢が推薦した人物であったが、「ボンヤリした人」と渋沢に指弾され、落胆したであろうことは想像に難くない。結局、酒匂は七月に引責自殺という最も悲劇的な結末を迎えた。

これを受け、「渋沢、酒匂を殺す」という過激なコラムを掲げたのは、『日本及日本人』一九〇九年八月一日号である。

「天下具眼の士は、酒匂を殺したるものは酒匂自身にあらずして、渋沢栄一その人なりと言えり。好んで聖賢の書を読むと言う渋沢は、今やこの春秋的筆法の断案に逢うて、果して何の弁解かある。嫌がる酒匂を無理やりに日糖社長に推薦したるものは、渋沢にあらずや。次官の内命に接して辞任を申出たるを無理往生に留任せしめたるものは、渋沢にあらずや。恥を知れる酒匂の一死が、せめては実業界の泰斗にして、かつ下手人たる渋沢の心事を動かすべきものあらんと期待せしに、何ぞ図らん、下手人の目には一滴の涙なきなり。……明治実業界の泰斗はさても心強きものなる哉」。

同誌同月号は、このコラム以外にも、渋沢に対する厳しい論考を載せている。青池晁太郎「日糖事件と渋沢男爵」もそうである。「余の直接関係せる日糖事件は、端なくも氏の霊智妙腕を顕彰すべき試金石として、余の眼前に展開せられ、燦爛光輝ある外観を具《そな》えしこの偉人の実質は、土塊木屑、些《すこ》しの見るべきなく、繕縫粉飾、徒らに八方を糊塗するに止まりしを想いて、喫驚禁じあたわざるものあり。……かくの如きの人を以て我が実業界の元老なり頭領なりと尊崇する者多きを視て、我国実業界のために慨然たるもの、これ久し」。

『日本及日本人』の次号（八月一五日号）も、渋沢への批判は続く。「渋沢か。ああ言う奴はブッチメてしまわねばならぬ。あのくらい陰険なずるい奴は、ありはしない。聖人の教がどうだとか経書には云々だとか、表面は君子ぶった事ばかり言ってるが、……蔭では人一倍の悪事を働く……こういう偽善家、偽君子を片端から征伐しなけりゃ、我国の財界はもとより何方面だからって発達する訳はない」。これは、観樹将軍・三浦梧楼の発言である（三浦「渋沢栄一と平沼専蔵」）が、ここには同時代における最も厳しい渋沢批判の一端が看取できるであろう。

「古稀」を理由とした実業界引退

「私は決して徒らに退隠するものでない」と一度は見得を切った渋沢であったが、日糖事件の報道が喧しく行なわれていた一九〇九年六月六日、数え年での「古稀」を理由に実業界から身を引くことを宣言した。「一人で数会社の重役を兼任するということは、全く好むべきことではない。このごときは経済界の複雑に赴くに従って、各種の弊害を生ずるを免れぬのである。ここにおいて、余が各社の重役兼任を辞せん事の決心は、多年の希望であったので、今日はじめて決心を起した訳でない」とは、萬朝報記者に対する渋沢の談話である（岩崎徂堂『渋沢男爵百話』一九〇九年）。

この時、渋沢が役職を辞任した主な会社は、第一銀行頭取、東京貯蓄銀行取締役会長など銀行関係の一部を除く六〇余りの企業の相談役・監査役等であり、東京瓦斯、東京石川島造船所、東京人造肥料、帝国ホテル、東京製鋼、東京帽子、日本煉瓦製造、磐城炭礦、大日本麦酒、日本郵船、東京海上火災保険、日本興業銀行、浅野セメント、中央製紙、明治製糖、品川白煉瓦、東洋硝子など、きわめて多方面にわたるものであった。

これらはすべて明治期の産業各部門の育成に関わる業種群であり、それらを立ち上げる時に渋沢栄一の名前と資金力に頼る人たちが多かったことを如実に示している。そこに財界初期のコーディネーター渋沢の個性が見えるのだが、同時に企業の役職を多数兼任していることへの批判の声は背中合わせの存在であった。

たとえば、『東京朝日新聞』一九〇九年六月一〇日付は「渋沢卿の退隠」という記事で以下のような論評を展開している。「渋沢卿は従来銀行を本業とし、かたわら種々の事業に関係したるをもって、ずいぶん世間の非難をこうむりたり。……今や彼が一身をもって多くの事業に関する事の、かえって害ありて、利なきを見るに至れり。彼がいったん拡げたるその手を収めて、その本職に専一なるは、むしろ自然の要求というべし。現にさしも老練なる彼の事業も、近来は不出来のこと少なからざるにあらずや。日露戦争以後、明治三十九〔一九〇六〕年の下半期における経済界馬鹿騒の最中、彼が種々の泡沫的会社の創立に関係し、しこうして社会を誤り、彼自身も多大の迷惑をこうむりたるは、今において識者の顰蹙《ひんしゅく》する所、その後彼の関係したる会社事業中には、大日本製糖会社をはじめ、不始末を曝露せしもの少なからざるなり。かくのごときは決して彼の老いたるがためにあらず。経済界の原動力がそれぞれその強壮時期に入り、それぞれの働きをなし、かつ複雑となり、また微妙となり、いかに勢力絶倫の彼といえども、その注意が隅々までも行渡らざる様になりたるがためなり。……彼の従前のせっかくの勲功を没却するに至らざる以前、彼の退隠は最も思慮ある処置ならん。いわんや銀行を本職としながら、彼のごとく種々の事業を兼営するの弊は、これまで世人の非難せし如くなるにおいてをや」。

『中央公論』一九〇九年一二月号も、日糖事件を受ける形で、「現代人物評論　渋沢栄一論」を組み、七名の寄稿を集めている。多くは渋沢を評価・弁護する立場であったが、辛口のものとして、「風満楼」氏が寄稿した「村の大庄屋」がある。

「町村がとにかく自治制とまでに進歩した今の世には、もはや丁髷《ちょんまげ》頭の庄屋老人の教訓指導を要せざるがごとく、いくら旧思想で煉り固めた我が実業界とて、今日ではすでに渋沢氏を過去の人として葬ってよいのである。イヤ事実においてはすでにこれを葬り去ったのである。……経済界における渋沢氏の金箔の剥げかかって来たのは、漸く一二年のことである。……しかしこれは、渋沢氏が老耄《ろうもう》したのではなくて、我が実業界が多年の間勝手に渋沢氏の全身に塗り立てて来た金箔をば、また実業界自身が剥がしかけたがためである。イヤ全世界に漂う民主的空気が、頑冥固陋な日本の実業界にも流れ込んで、渋沢と言う偶像の金箔を剥がしたのである」云々。

風満楼は「私たちは無論渋沢氏の個人としての実質の善良なることを認めなければならぬ」との弁護も忘れていないが、村社会（的な世界）では「庄屋」として十全に役割を果たせた渋沢も、「民主的空気」が流れ込む新しい時代においては過去の遺物となりつつある、と時代の転換を強く訴えたのである。

実業界引退と『徳川慶喜公伝』編纂

渋沢が実業界から引退する理由の表向きは「古稀」であったが、こうした日糖事件のダメージも大きかったことは否定できないだろう。しかし、渋沢自身は、引退について、もう一つある意外な理由を語っている。「余の勇退は楽隠居のためにあらず。……多年取掛っている事業がいまだ完成せぬから、これに力を注ぐため多少の時間を作るためである。……関係事業の何等の不平を起したとか、渋沢の一身に何等の異常を生じたためではない」と弁明した上、「徳川慶喜公の事蹟を史に編みたいのである」と、その事業内容を明らかにした（渋沢「余は今後畢生の事業として如何なる方面に主力を注がんとするか」『実業之日本』一九〇九年七月号）。

一橋慶喜に目をかけてもらったことが、渋沢の人生に決定的な影響を与えたことはすでに見た。したがって、維新後に慶喜が「賊軍の将」として扱われ続けたことに、渋沢が不憫な気持ちを抱き続けていたことは、理解できない話ではない。ただ日糖事件等のさなかに引退宣言をした理由として挙げていることには、少々意外の感がある。しかしながら、『徳川慶喜公伝』の叙述方針は、徳川慶喜がいかに「国家貢献」したのかを強調し、薩長政府が彼に浴びせた非難の冤《えん》を雪《そそ》ぐところに置かれていた。別の言い方をすれば、その編纂に渋沢が従事することによって、渋沢自身の「国家貢献」を示し、自身の冤も晴らす、あるいは日糖事件で失墜しかけた自らの評価を復元する手段として、この事業の社会的意味を強く訴えた、との目論みもあったように思える。渋沢著『青淵百話』「87　老後の思い出」(一九一二年)にも、「かかる事業に対して、骨折るのも、世間から渋沢は金儲け一方ではない、多少時勢に趣味を持った男だと目せられ、余が世を去った後までも、この事業をもって渋沢は、かような人物であった。また渋沢があれほどまでに辛苦して伝記を編纂した人物はまことに立派であったと伝えて貰いたいからである」との自己弁明が書き残されている。

一方で、『慶喜公伝』の実質的編纂は、渋沢が委嘱した東京帝大などの歴史学者が行なった。彼らは慶喜への聞き取りを含む、膨大な史資料を収め、同書を近代史学史に残る著作とした。つまり、結果として、渋沢は史書編纂という文化事業へも貢献したと言えるのである(見城「渋沢栄一による歴史人物評伝出版とその思想」『近代東アジアの経済倫理とその実践』)。

なお、徳川慶喜は一九一三年に七七歳をもって長命な人生を終えた。慶喜を打倒した新政府下で、その伝記を出すことは難しい問題をはらんでおり、最終的に『徳川慶喜公伝』が、「渋沢栄一著」の名前で出版されたのは、慶喜死後五年経った一九一八年のことである。

実業界からの完全引退――「物質界」から「精神界」へ――

渋沢は喜寿（数えの七七歳）を迎えた一九一六年に、長年頭取を務めた第一銀行も離れ、実業界から完全に身を引いた。同年一〇月の引退披露における挨拶では、次のような一場の演説を試みている。

「将来の実業界も弥増《いやま》し繁栄することは信じて疑いありませぬけれども、今日隠退する私の心から申しまするると、どうぞ堅実な繁盛を、と深く希望するのでございます。……私は物質的の関係はこの際に御免を蒙るとも、精神界の事については余命短しというとも、一層微力を尽して見たいと思います。……今日の実業界は、物質は大いに進んだが、精神が同じく随伴したかと申すと、あるいは疑点なきを得ざるの感があります。……満堂の諸君においては、どうぞ未来の物質界を進めると同時に、精神界にも注意せられ、両者併せ進むことに御精励あらんことをくれぐれも懇願してやまぬのであります」（渋沢「実業界引退披露会において」『竜門雑誌』一九一七年一月号）。

「古稀」を一つの理由とした一九〇九年の実業界引退宣言以降、公益的な事業に力を割きつつあった渋沢は、一九一六年以降は、そうした方面に完全にシフトし、「物質的の関係」から「精神界にも注意」していくことを宣言するのであった。

よって、次章では、渋沢栄一の経済思想を根底で支えた「精神界」や「公益思想」に関わる問題を見ていくこととする。

第5章　公益思想の展開――社会事業家としての渋沢栄一――

1　社会公益事業の展開

山路愛山の渋沢評

「渋沢男は決して金持にあらず。また金持として成功したる人にもあらず。……男は一身一家の富よりも、ほかの働きにて日本の歴史に一地歩を占めたる人なり。これ男の男たる所以なり。それを人並の金持の様に論ずるは男を解せざるものなり」と語るのは、人物論の名手・山路愛山である（「渋沢男と安田善次郎氏」一九〇九年、『山路愛山選集』第一巻、一九二八年）。

また渋沢の米寿を記念した刊行物『青淵回顧録』（一九二七年）に収められた九三名の渋沢評を見てみると、国家社会への貢献、人格の高さに言及するものがほとんどで、ここにも「金持」

としての評価は多く看取できない。

山路愛山がここで、「ほかの働き」と呼ぶのは「公益事業」を指すが、『青淵百話』（一九一二年）には、渋沢の発想が、こう語られていた。「いかに自ら苦心して築いた富にしたところで、富はすなわち自己一人の専有だと思うのは、大なる見当違いである。要するに、人は唯一人のみにては何事もなしえるものでない。国家社会の助によって自らも利し、安全に存在することもできるので、もし国家社会がなかったならば、何人たりとも満足にこの世に立つことは不可能であろう。これを思えば、富の度を増せば増すほど……社会のために助力しなければならぬと思う」（38社会に対する富豪の義務）。

また、この発言内容と相呼応するように、山路愛山は前掲論文で、渋沢を安田善次郎と比較してこのように述べている。

「渋沢男は、ほとんど四〇年間合本主義者の泰山北斗となりて、種々なる株式事業を助け……、日本の物質的進歩に貢献したり。しかるに、ここに男とまったくその行き方を異《〔ママ〕》にしたる他の実業家あり。……

すなわち渋沢男が合資事業の利益を説き、他人の商売に加勢し、世間の景気を善くすることに骨折り、政府と町人の間に立ちて町人の利益と面目とを保護し、未来の町人となるべき人物を作る学校の設立に尽力し、世話を焼き、肝を煎りつつありし間に、さようなることには一向頓着せず、ただ一家のみ肥やすことをはかり、その術もまた巧みにして、ついに天下の大財主となりし者なり。安田氏のごときは、すなわちこの種の人なりと言わざるべからず。……」「渋沢男は、日本町人の師範・先達にして、かつ日本町人の資本を合し、種々の事業を営ましめたる原動力にして、日本の産業史はほとんど各ページに渋沢氏をもって、その重なる役者の一人なることを記さざるあたわざれども、安田氏は世間に注意せらるること少なく、世間の風潮に頓着せず、単に一家の富を成すことに汲々として、そのほかを知らず。かえって渋沢男を十倍、二十倍するほどの大身上となりし者なり」。

安田善次郎は、匿名を前提とする東京帝国大学大講堂建設寄付（安田が一九二一年に暗殺された後、「安田講堂」との呼称が与えられた）などの行為もしており、「一家のみ肥やすことに汲々としていた」と断言するのは、少々気の毒な面もある。ただ愛山の評に典型的に見えるように、私財を蓄えるのに邁進した吝嗇の実業家＝安田善次郎というイメージが、結果として、公益への投資家＝渋沢という像を際立たせる効果をもたらしたことも否定できないだろう。

土屋喬雄によれば、渋沢が生涯に関わった企業・経済事業が五〇〇余りであったのに対し、公共事業・社会事業への関わりはそれより多い六〇〇であったという（土屋『渋沢栄一』一九八九年）。以下では、渋沢の「公益」思想、「社会事業」思想の実際を見ていきたい。

東京養育院

『中央公論』一九〇九年一二月号が組んだ「現代人物評論　渋沢栄一論」に原稿を寄せた田川大吉郎（政治家）は、「実業界を退いたから……今後男〔渋沢男爵〕は余命の続く限り、心血を注ぐ事は、けだし東京市養育院の事であろう。……男は身実業界にあって錙銖《ししゅ》〔わずかなもの〕に齷齪《あくせく》たらず。よき泰斗指導者であったが、今後は慈善界の王者となるであろうと思う」との予想と期待を述べた。

この東京（市）養育院の事務管理に渋沢が関わるのは、一八七四年一一月、東京会議所の取締に就いた渋沢が、旧静岡藩時代の上司でもあった大久保一翁東京府知事から、共有金の使途について相談を受けたことから始まる。その後、組織の変更を数度経たものの、逝去するまでの五七年間、院長の座に留まり続けた。

この養育院は、銀行や公債市場の資金運用システムを利用し、基金預託と増殖を行なう特色を持ち、それは実業家渋沢の手腕にほかならなかった。そして公債基金の利子運用で事業運営を図り、利子収入を増大していくため、募金慈善組織をその都度つくっている。これには、「戦前期日本の近代社会福祉事業組織の形成とその経営にあたって、一つの典型的なモデルを示した」という評価が与えられている（長沼友兄「異文化体験と近代社会福祉事業の形成」『公益の追求者・渋沢栄一』）。

東京養育院は、社会福祉の先駆的施設として確たる地位を占めているのである。

「社会事業の先駆者」松平定信への敬慕

この養育院などを運営するための原資になった共有金は、江戸後期に寛政改革を行なった松平定信の「七分金積立」政策に淵源していた。その事実を知った渋沢は、定信に対し、強い崇敬心を持つようになる。たとえば『斯民』一九一〇年四月号に「楽翁公に服すべき美点」という論を寄せ、七分金創設により「公は江戸の恩人であって、今は東京市の恩人であります。けれども公はただそれだけの人ではありますまい。義理の上にも、学問の上にも、民政の上にも、文学や芸術の上にも、海防や軍備の上にも、種々なる方面にわたりての恩人であろうと存じます。ことに筋路の正しい遺方と、物堅く浮き立たぬ気風とを我邦に残され、また閑雅で趣味の多い足跡を留めて居らるる点は、最も著しい風教上の恩人で、また修養上の恩人であろうと考えます」と、他に並ぶものがないほどの礼賛をしている。

一方、『養育院八十年史』（一九五三年）にも、「渋沢院長は、平素深く楽翁公の善政と高徳を偲ばれ、公の祥月命日である五月一三日には毎年公の祭典を行なってきた。なお、明治二〇年代からは毎月一三日を養育院登院日と定め、当日は万難を排して登院することに努められた。明治四三年以来この祭典の際記念講演を併せて行うこととなった」という記述が見え、養育院の原点を作った定信に対する尊敬あるいは思慕の念を渋沢が強く有していたことが伺える。

渋沢は、晩年に至るまで、定信への敬慕の心を失くすことはなかった。一九二八年東京深川にある定信の墓が「史蹟」指定されたのを承けて設立された「楽翁公遺徳顕彰会」の会長に就任し、翌年行われた「松平定信百年祭」を成功させたこと、松平定信の正伝となる『楽翁公伝』(一九三七年)編纂事業の中心にあり、完成後は「著者・渋沢栄一」としての名を残したこと(実質的執筆者は、三上参次など東京帝大の国史学者たち)などが、その事例となる。『楽翁公伝』の末尾は「公は天明の末期、時局艱難の際に出でて、幕閣の首班に立ち、……以て社会を累卵の危きに救い、蒼生《そうせい》〔民衆〕を塗炭の苦しみより助け、いわゆる寛政の治績を挙げられたり。……嗚呼《ああ》公のごときは、真にこれ国家の柱石、政治家の典型と言うべきなり」と結ばれていた。定信が社会の危機的状況を救い、かつ民衆を苦しみから救った「名君」であるという評価は、養育院院長の仕事に誇りを持っていた渋沢が、自身が関わっていた公益事業の評価を、定信のそれに重ねているかに見えるのである(前掲、見城「渋沢栄一による歴史人物評伝出版とその思想」)。

中央慈善協会

日清戦後の一九〇〇年九月、渋沢は、内務省衛生局の窪田静太郎・久米久弥、民間のキリスト教事業家・留岡幸助らと、「貧民研究会」を始めた。それを一つの土台として、日露戦争後の一九〇八年に「中央慈善協会」(後、中央社会事業協会)が発足するが、渋沢は請われて会長に就いた。この協会は、住宅改良に関する調査会、児童保護に関する調査会、出獄者保護に関する調査会、花柳病予防に関する調査会などを設け、実地データを集積し、その改善法などを議論したのだが、渋沢は調査会にもしばしば出席し、意見を述べている。

一九一〇年の会合で、渋沢は「慈善救済」について次のような発言をしている。「国の繁昌は増したいが、それは同時に貧民も増すことになる。そのため、感化事業などにも一層心を用いなければならぬが、日本の弱者保護に関する事業は他国に比べ、はなはだ発達していないことを憾《うら》みとしなければならない。親族相助け隣保相扶くると言う美風は盛んであるが、将来はそうした美風に依頼してはおられぬ時代に到達するであろう。したがって、防貧の観点から、職業紹介・訓練などの施設を設ける必要がある」（渋沢「慈善救済事業に就いて」『竜門雑誌』一九一〇年四月号）。ここで、渋沢は職業訓練の場を設けることなどによる弱者救済を主張するのである。

一方、渋沢は、自らが院長職を務める東京養育院について、「そうしたものは惰民を作る一の害物であると言う人もかつていたが、それは謬見《びゅうけん》であることが明確になった。にも関わらず、今日の世間はまだ混沌としており、そうした施設を確立しようとはしないのは、大いに遺憾である」と社会の偏見に対する批判も述べている。渋沢の発想の根底には「このまま放任主義を取ったならば、貧富の懸隔ますます甚だしく、その極や遂に大なる害を来たしはせぬかと憂えるのでございます」というように、国家保全を保つための予防的措置との認識もあった。しかしながら、「国家としてモウ少し現在より進んだところの方法を設くる必要がある」という主張は、内務省の政策に対する叱咤あるいは苦言にほかならなかった（渋沢「慈善事業の過去現在」『竜門雑誌』一九一〇年一一月号)。

このように社会事業・慈善事業関連で、渋沢が会長あるいは顧問などとして指導にあたった団体には、そのほか、東京府社会事業協会・四恩瓜生会・福田会・滝野川学園・東京感化院・慈恵会・済生会・全生病院・回春病院・救世軍病院・癩予防協会など四〇余りに及ぶものがあった。近代社会における弱者への配慮も、渋沢の後半生で重要な課題になってきていたのである。

2 労働運動への対応

渋沢の社会主義観

一九一八年に渋沢は「私の実業家となるは、ただおのれ一人大富豪とならんがためにあらずして、国家の富力を増し、商業道徳を進めん事を期せるがゆえなり。しかるに大正五〔一九一六〕年、七七歳の時を以て実業界を隠退したる後は、専心精神界のために微力を尽くさんとす。しこうして最後の努力として、三つの問題について貢献せんと欲するものなり。すなわち、第一は商業道徳、第二は資本と労働、第三は貧富の関係について、その調和を期せむとする」と語り、これらが自分の晩年の行動目標であると宣言した(「物質精神併進論」『竜門雑誌』同年一〇月号)。

この二番目に挙げた「労資問題」の解決に渋沢がどのように迫ろうとしたのかを、以下みていくが、まず渋沢の「社会主義」、「共産主義」観を一瞥しよう。

「不肖渋沢がもし一身一己の為のみを計って来たならば、今日富豪の列に入っているくらいの事は何でもなかったのであるが、そういう真似は私には出来ない。もし天下の富豪がこの渋沢の心を心とするならば、社会主義などというものは、今日においては無論起らず、また将来も永遠に起ることはあるまいと思う」。

「皮肉を喜ぶ人は、これを聞いて、渋沢は共産主義者だというかも知れぬ。また共産主義者はこれを聴いて、お前は立派な事をいうが、お前の富はどうしたものだというかも知れぬが、渋沢の富は飯を十杯も二十杯も食いたいための富ではない。……ただ渋沢が人のために働いたり、世のために働くにはこれだけの富が無ければならんのである」（前掲『成功模範　世界的人物』、一九一六年）。

世の富豪が個人の利益だけを図り、渋沢のような公共心を持っていないために、社会主義が起こるという理解である。こうした渋沢に対し、ある人は嘲笑的に「渋沢は共産主義者だ」と言い、共産主義者からは「立派な事を言う奴だ」と皮肉を言われるかもしれない。しかし、自分は国家社会のために十二分な貢献をしている、という強烈な自意識の表明をする渋沢であった。

『渋沢男爵百話』（岩崎徂堂編、一九〇七年）には、「余が富豪を大嫌いという理由」という節が設けられている。そこには、「美名の下に世の中の金を自分の懐に集めて、下級労働者を苦しめるのは、もってのほかの処置で、かような富豪はそれこそ社会主義のいうがごとく、征伐せねばならぬ。この意義において、私は富豪が世の中に出て活動もせず、蔭にいて贅沢をするのを嫌う」、「世の中に金持が多くなるのは、すこぶる喜ばしいことで、日本国民全部をして、岩崎、三井の如き富豪にしたいものだ。私は目的のために一生のうち幾分なり貢献することが出来れば、充分と考える。もちろん富の独占は嫌いだから、私は自分が金を蓄積しようと思う心は毛頭もない。皆と一所に富豪と成りたいのだ」との発言が収録されている。

「全国民が富豪」になることは、現実的にありえない話である。しかし、渋沢にとっては、少なくともそうした理想を追求したいという心持があり、「社会主義」が独占的な富豪を征伐しようとすることに共感を示しているのである。

労資協調への留意

工場法が公布されたのは一九一一年である。渋沢は「従来は比較的円満であった労働者と資本家との関係を、工場法の制定によって乖離せしむるようなことはあるまいか。また年齢に制限を加えるとか、労働時間に一定の規定を設けるとか言うようなことは、かえって労働者の心に反したものにはなるまいか」と反対の立場を取っていた。ここで言う「労働者の心」については、「もし小供は工場に用いぬとか、時間も一定の制限があるとかいうことになれば、彼等の目的は全く外れてしまう……少しくらい衛生設備に欠くる点はあっても、なるべく労働賃銭の多からんことを希望しているのであるのに、いたずらに衛生設備ばかり、際立つ程よく行き届いても、命と頼む賃銭がかえって減却されては、彼らはむしろそれをより大なる苦痛と心得るだろう。かかる次第であるから、労働者保護という美名の下に制定された工場法もその実際においてはかえって労働者を泣かす結果を来さねばよいが、と頗る寒心は堪えぬのである」との「温情主義的」見解を示す。

つまり、渋沢の主張するところは、「社会問題とか、労働問題の如きは、単に法律の力ばかりをもって解決されたものではない」という点にあったのである（以上の引用は、渋沢『青淵百話』「37　当来の労働問題」一九一二年）。ここでの渋沢は、長時間労働をしないと生活が成立たない労働者への配慮を「善意」として行なっているかにも見える。しかしながら、賃金引き上げによって労働時間削減を果たそうとするところに想いが及ばないのは、やはり資本家の立場ゆえと言わざるを得ないだろう。

一九一二年に鈴木文治らが設立した友愛会についても、渋沢は資本家としての同情的立場から、援助を与える姿勢を見せた。しかし、当初は修養的な傾向が強かった友愛会は、第一次世界大戦後の思潮を受けて、一九二一年には、日本労働総同盟へと改称し、全国的な労働組合へと発展していくことになる。

演歌師による渋沢への皮肉

添田唖禅坊は、明治後期から大正期に活躍した演歌師である。「演歌」はもともと自由民権家が政治的見解を訴える手段として発生したものであるが、添田はその第一人者であった。彼の子息・知道が編纂した『演歌の明治大正史』（岩波新書、一九六三年）には、一九一六年前後に、唖禅坊が作詞した「ノンキ節」が収録されている。

「♪成金という火事ドロの幻燈など見せて／貧民学校の先生が／正直に働らきゃみなこの通り／成功するんだと教えてる／アア　ノンキだね」

「♪南京米をくらって南京虫にくわれ／豚小屋みたいな家に住み／選挙権さえ持たないくせに／日本の国民だと威張ってる／アア　ノンキだね」

「♪うんとしぼり取って泣かせておいて／目薬ほど出すのを慈善と申すげな／なるほど慈善家は慈善をするが／あとは見ぬふり知らぬふり／アア　ノンキだね」。

「♪機械でドヤして血肉をしぼり／五厘の「こうやく《〔膏薬〕》」はる温情主義／そのまた「こうやく」を漢字で書いて／「渋沢論語」と読ますげな／アア　ノンキだね」。

添田知道は、「ノンキ節」を一五番まで採録紹介しているが、そのうちひとつ（九番）が渋沢を皮肉る詞になっている。社会主義思想に与していた唖禅坊の立場から見れば、渋沢は労働強化をごまかすため、「ノンキ」に『論語』を操る人物にほかならなかったようである。

渋沢は、一九一七年の講演で「労働者はなるべく会社と一家族となって、その会社の待遇が親切で、病気の時は充分な治療もでき、労働者子女の教育も行き届き、衛生や娯楽が充分設備されていれば、一会社はあたかも一つの王国となり、常に仁政を施して労働者を応援するのであるから、特にその組合を作るまでもない」（『竜門雑誌』一九一七年八月号）という組合不要論を唱えていた。

しかし、唖禅坊のような発想が社会に受け入れられていく状況を敏感に察知してか、翌年には「重役は無用の労働者を永く雇傭し置くことは許されず、事情に応じて解雇するの止むなきに至ることなしとなすべからず。しからば労働者においてのみ、従たるの片務を強いられるの理由あるべからず」であり、労働者が、何らかの適当なる方法を要求するのも、当然だと、労働組合設立を容認するような主張をはっきりと打ちだしていくに至る（「老後の三事業」『竜門雑誌』一九一八年二月号）。

協調会の設立

第一次世界大戦後、一層活発化してきた労働運動との融和を目指すため、一九一九年一二月には「協調会」が設立された。この呼称は渋沢の名づけにかかると言われるが、会長・徳川家達（貴族院議長）の下で、渋沢は大岡育造（衆議院議長）・清浦奎吾（枢密院議長）とともに副会長に就く。設立前の趣旨内示会の場で、渋沢は、労働問題は「とうてい日本旧来の温情主義のみをもって解決するを得ず、ここにおいて、本会は資本労働の中間に立ちて、各種の施設と種々の尽力を為し、将来資本家の我侭より、もしくは労働者の無自覚より、必ず起る両者の衝突を、最も公平に裁断調停せんと欲す」と述べた（『竜門雑誌』一九一九年八月号）。

明治末期の工場法公布段階では「温情主義」を恃みとするところがあった渋沢であるが、第一次大戦期には事態がより深刻になったことへの認識を確かに持っていた。そして、労働問題を「公平に裁断し調停」するところに、協調会の役割を置こうとしたのだ。

しかし、労働運動のリーダーも内部へ取り込まないと、労資協調の目論見達成は困難になる。そこで、渋沢は親交を持っていた鈴木文治に協調会の発起人になることを打診したが、鈴木は、「今時協調会のようなものを作ることは、むしろ有害無益と申してもよろしいのです。何故かと申しますと、労働運動の発達は産業の発展に伴う必然の現象であって、何者の力といえども、これを抑えることのできるものではありません」とまずは拒否した。そして、協力するための六条件を挙げたが、そのうち、三つは次のようなものだった。

一、協調会と政府の関係を明瞭にし、協調会が純然たる独立の機関にして、何ら政府のために操縦せらるるものにあらざることを明らかにすること。

一、協調会はその事業として数え上げているものの中、とうてい実行不可能なる労資間の調停・仲裁等の項目を除き、単に労働問題の調査・研究・教育に関する事項のみを取扱うこと。

一、協調会の名目はすこぶる世間の誤解を招いているから、この名称を廃して「社会政策協会」と改称すること、などである（以上、鈴木『労働運動二十年』一九三一年）。

つまり、鈴木は、協調会が「政府のために操縦」されることなどを懸念したわけだが、友愛会機関誌『労働及産業』（一九一九年九月一日発行）の巻頭で、さらに協調会を批判した。「協調会の基金はみな富豪資本家の醵出するところである。協調会はあくまでも公平無私の態度を以て、労資の問題に臨むというけれども、基金を資本家に仰いで、果して公平性が保持されるものかどうか。……果してしからば、これ労働問題と慈善救済の問題とを混同するものである」、「要するに大正の今日、協調会の如きものの誕生は時代遅れの甚しいものである。今日労働問題の解決に、立法的手段を避けて道徳的説法を以てせんとするは、あまりに人を愚にした語である」。

一方、協調会側も『社会政策時報』と題する機関誌を一九二〇年九月から発行したが、その創刊号に、渋沢は「労働問題解決の根本義」と題する論文を寄せた。

「とかく資本家の陥りやすい偏見は、賃金を与えれば主人であり、これを受ければ家来であるというような封建的観念であ」り、こうした古い思想を打破することが必要である。「資本と労働との共同活動がすなわち産業である」、「さらに適切にいえば、資本家と労働者との人格的共働がすなわち産業である」という認識を持つことが大切である。そして「労働の根本意義は社会奉仕である。社会の必要とする物資を生産して社会に貢献する。これをなすには資本と労働と協力しなければならない。……この正当なる思想から十分の節制と訓練とにより労働組合を組織して……資本家との協調を保って行くように努めねばならぬ」と、労働者側も「協調」すべき旨を説いた。

その六年後も、渋沢は「協調」を呼びかけ続けた。「日本の実業家諸君も、温情主義とか何とか言うけれども……大きな組織となって来たときには、またそれに相応する考えをもって来なければならぬのである。しかるに、何時までも労働者の人格を無視し、労働は単に商品なりと言うが如き考えでは、これは非常な間違いである。……ややもすると過激化する行動をする労働者の態度はもちろん好くないが、同時に資本家も、労働者の人格を認めてやらねばならぬ。……我国における労働問題の根本的解決策としては、資本家ならびに労働者ともに、一歩を進めて正しき道理に依り、天下の正道を踏んで、いやしくも私欲のためにその道を誤らざらん事に努むるの外はないのである」（渋沢「労働問題の根本解決策」『竜門雑誌』一九二六年二月号）。

一九一九年に鈴木文治は「道徳的説法では労働問題は解決しない」と提起していた。それを承けて、「労働とは社会奉仕」、「労働者の人格認知」等の概念を対置しようとする渋沢であったが、両者が平行線をたどっている観も否定できない。

いずれにしても、資本家が自己の利益のみを蓄えようとすることを牽制し、一方で労働者側にも「協調」を要請し、労資双方が歩み寄った上での妥協を見出そうとする場が、渋沢にとっての協調会だったのである。

なお一九二七年一二月二〇日に行なわれた聞き取りで、この話題を振られた渋沢は、「労資問題については、感想どころではない。どうしてよいか、今もなお困っている。私は意見は言えるが、是非は言えない。両者の争も今のところ絶えるとはちょっと考えられない」との感想を漏らしている（「談話筆記」）。

労資間の問題解決を目指そうとするも、両者の懸隔が埋まらない中、立ち往生する最晩年渋沢がそこにいた。

3　教育・文化・科学への貢献

女性教育への援助

渋沢栄一は女性教育にも力を入れた。いわゆる上流女性の社交教育機関として設立された「女子教育奨励会」（一八八六年）、その子女の教育機関である「東京女学館」（八八年開校）に積極的な関わりをしている（一九一三年には後者の館長職にも就いた）。

東京女学館の教育方針は、以下であった。「それ社会は男女の二性によりして成立つものなれば、男女互に和合協力にてよく相助くるにあらざれば、真の国家の隆盛は期し得べからず。けだし女子に要する所は……その一、人の妻となる事。その二、家婦となる事。その三、母親となる事、これなり。……ことに女子に教育の必要なるを感ずる者は、その子を挙げて母親となるの時にあり。……本館は日本婦人をして欧米の婦人の享有する所と同等の教育および家庭の訓練を受けしむるを以て目的とす」云々（「女子教育奨励会東京女学館通則」『青淵先生六十年史』一九〇〇年）。

つまり、同校は、良妻賢母的な教育枠を前提としつつ、「欧米の婦人」と同等の教育訓練をなす必要のために設立されたのである。一八八六〜八八年頃は、鹿鳴館外交の最盛期であり、同校はそうした社会的要請を受けて出来た「ヨーロッパ式」の学校であった。教師全員が女性宣教師で、授業も英語でなされていたため、実は儒教を旨とする渋沢とは、思想的に異なる面があった。しかし、渋沢は、「すべて西洋の制度に則ることにしよう。ついては女子をも西洋の如く取扱わねばならぬ。男子と女子の権利が甚だしく相違するようでは面白くない。……女子をも社会的に交際するようにし、礼式をことごとく欧米の型に改めよう」（「談話筆記」一九二六年一二月一一日）とする点に、女学館の役割を定め、時代が要請した役割を負わせようとしていたのである。

一九〇一年に開校した日本女子大学校に関しては、同校校長・成瀬仁蔵との関係性が深かったため、創立委員兼会計監督になった。さらに一九三一年には、同校の三代目校長にも就任している。

前者の「東京女学館通則」に典型的に見て取れるように、明治維新以降の女性教育は、儒教の影響をただちに拭えたわけではない。ましてや天保生まれの渋沢は近代的な女性観を持っていたわけでない。日本女子大学校への関わりについても当初は消極的であったことを、成瀬仁蔵に対する追悼の中で自らが告白している。「成瀬君が女子大学創立のことをしきりに世人に訴えた明治三二・三〔一八九九・〇〇〕年の頃は女子高等教育どころでなく、第一女子に教育を受けさせる事を言う人すらが、暁天の星の如くに稀だったのであります……私はどちらかと言えば漢籍で修養して来た人間であるからやはり『女子と小人は養いがたし』というような考を持っておる。私が成瀬君と議論すると『貴方までがそんな事を言われては、はなはだ困る』とほとんど泣かんばかりに訴える事がありました。……成瀬君の説は皆さんも御存じの通り、女子を国民として人として教育すると言う説であります。これが従来の頭で考えると大変な違いでありました。が、よくよく考えて見ると成程と自分も合点が行き、孔子もあるいはここまでは考え及ばなかったのかな、と段々に考えが成瀬君の方へ牽かれて行きました」云々（『成瀬先生追悼録』日本女子大学校桜楓会出版部、一九二八年）。

一九一〇年、新潟県長岡に募金活動に出かけた際には、「国家」と女子教育を結びつけることで、必要性を導き出している。「国家のため、渋沢等が声を嗄《から》し、諸君の耳を爛《ただ》らして、女子教育の必要を説くものは、女子教育を今日の程度に止め置くは、国家未来のため、すこぶる憂慮に堪えない。なにとぞ女子にも大学程度の教育を修めしめたい。全国の婦人残らずと言う事はもとより出来得べくもないが、なるべく多数に、この教育を及ぼしたいと言うのであります」（渋沢「女

子と高等教育」『竜門雑誌』一九一〇年八月号)。

渋沢は最晩年の回顧でも、「女子の高等教育という事については、半信半疑の状態にあった」(渋沢「私の歓び」『竜門雑誌』一九三一年八月号)と重ねての告白をしているが、一方で貝原益軒『女大学』を「封建時代の消極的な方針、女性の知識教育を閑却したもの」(渋沢『渋沢青淵先生小伝』一九一三年)と批判する言葉も残している。

女子教育に対する初発の契機を「欧米の婦人」と同等にする点に置き、明治末期に至るとその存在原理を「国家未来のため」におこうとする渋沢の発想は、「はじめに国家ありき」という感に由来する点は否定できない。しかし、同時代の中で、女性が学べる場を創出するために積極的な援助を惜しまなかった役割は、十分に評価すべきであろう。

宗教団体への支援

渋沢の支援は、女性教育だけに留まらない。渋沢は、新島襄が設立した同志社への援助も行なっている。新島襄の徳育観に共感したため、また同志社が私学として教育活動を積極的に展開することに期待を寄せたため、とされる(沖田行司「国際交流を推進する平和主義教育構想」『公益の追求者・渋沢栄一』)。

渋沢の宗教関連団体への支援は多方面にわたる。キリスト教関係では、山室軍平の救世軍などに経済支援をし、さらに仏教関係では、寛永寺や増上寺などに寄進をしている。神社関係では、明治神宮建設への協力をはじめ、「東京養育院の恩人」松平定信を祀る南湖神社（福島県白河）、さらに湊川神社（楠木正成が祭神）や藤樹神社（中江藤樹が祭神）などの創建や改修についての援助を行なっている（『伝記資料』四一・四二巻「道徳・宗教」）。

「帰一協会」の創設と「宗教統一」の試み

一九一二年六月に結成された「帰一協会」は、「精神界帰一の大勢に鑑み、これを研究しこれを助成し、もって堅実なる思想を作りて、一国の文明に資する」ことを目的とした団体である。ここにも、渋沢は大きく関わっている。すなわち、成瀬仁蔵（教育家）・森村市左衛門（実業家）との意見交換をきっかけに、「精神界帰一」を必要と考えた渋沢は、宗教学者、哲学者などを糾合したこの協会を創立する主要メンバーになった。

この協会をめぐる渋沢の発言には、その道徳観・宗教観がよく現われている箇所がある。たとえば、発足時には次のような提案をしている。「宗教は、政治界なり実業界に応用してこそ活きてくる。事業家がそれに拠って信念を培う必要がある。キリスト・仏教・神道のいずれでもなく、儒教主義を根本とした一種の宗教を組織したらどうか」。

つまり、渋沢は、すべての人が精神的に拠ることのできるような、儒教を中心とした宗教統一の可能性をこの協会によって果たそうと考えていたのである。個人の「精神統一」がなり安定すれば、社会全体も安定する、との考えであろうか。

こうした目標に向かうため、帰一協会の財源の三分の二を拠出していた時期もあったが、さすがに宗教統一はそうそう叶うものではなかった（渋沢「帰一協会の成立に就いて」［「談話筆記」一九二八年一月一七・二四日］）。

渋沢が、明治末期から論語（道徳）鼓吹を積極化していくことについては後述するが、「帰一協会」に期待した宗教統一の方向性も道徳的教化の文脈で捉えるべきと考えている。

科学振興への協力

渋沢の「合理的精神」および国家貢献意識の強さは、近代科学・医学の発展寄与の形でも現れた。とりわけ、近代日本を代表する科学者・高峰譲吉との関わりは深いものがあった。両者の関係は、高峰が東京帝大を卒業し、農商務省技師に就いたばかりの一八八七年に渋沢を訪い、人造肥料の必要性を強く説いたところから始まる。渋沢自身は「実業界に身を投ずる様になったけれども、我国は元来農業を主としている国であり、農業の盛衰はひいて一国の盛衰にも重要な関係をもっているので、……農業方面には相当の注意を怠らなかった」（『自叙伝』）と、元農民としての経験と欧米農業の実地認識から、高峰の提案に賛意を示し、同年四月には、東京人造肥料会社を設立することになる。

操業当初は、土壌や作物に適した人造肥料を提供することができず、販路拡大に相当な苦戦を強いられた。そして、当初の出資者が手を引いただけでなく、農商務官僚から同社の技術長に転身した高峰が、研究のため渡米してしまい、渋沢は苦境に追い込まれる。

ところが、日清戦争後に人造肥料の需要が高まり、他社も追随するほど業界が活性化してきた。「これは言わば、私の経営した肥料会社が中途で挫折せず、一時は瀕死の状態に陥りながらも、その難局を切り抜けて、押しも押されぬ営利会社にまで育てたためであるといっても過言ではなかろう」（『自叙伝』）という自賛も許されるような、渋沢の粘り強い後方支援が、その成功を導いたと言える。

米国留学した高峰は、タカジアスターゼの精製と血止薬としてのアドレナリンの発明によって評価を得る。帰国した後、高峰は科学研究所設立の必要性を渋沢に説き、日本に民間の研究機関が少ないことを遺憾に思っていた渋沢は、他の実業家の協力も得て、一九一八年に財団法人理化学研究所を設立した。

渋沢栄一は、高峰譲吉を通じて、日本の科学振興にも貢献したといえる。なお、医学関係事業でも、一九〇九年四月設立の癌研究会で副総裁を務めたほか、結核予防協会、癩予防協会などへの資金援助を行っている。

自然災害への支援

渋沢は、国内外の火災・水害・地震・凶作などに対する救恤活動に積極的に関わっている。たとえば、一九一〇年八月の関東地方の水害に関し、組織された「東京水災善後会」の常務委員長、

「臨時水害救済会」副総裁に就き、復興に努めた。一九一五年一月には「東北九州災害救済会」を作り、前年秋の東北大凶作と年頭に起こった鹿児島・桜島の噴火被害者の救済を図る行動に出た。

一九二三年九月の関東大震災においては、家を失い不安になった民衆が、資産家を襲うという噂が流れた。渋沢の子息たちは「父に怪我でもあっては大変だ。今のうち郷里へ行ってもらって、落ち着いてから帝都復興に力を入れてもらおう。それが一番安全で効果的だ」と考え、疎開を進言するが、渋沢は憮然として「馬鹿なことを。考えてもわかりそうなものじゃないか。わしのような老人はこういう時にいささかなりとも働いてこそ、生きている申訳が立つようなものだ。それを田舎へ行けなどとは、卑怯千万な」と叱責したという（渋沢秀雄「渋沢栄一」『父の映像』一九三六年）。そして、ただちに「大震災善後会」を組織し、八三歳の高齢をものともせず、副会長として市内を駆け回ったという。

外国の災害支援に関わったことも多い。一八七八年の清国北中部飢饉、一九〇六年のサンフランシスコ震災、一九〇七年の清国南部飢饉、一九〇九年のイタリア震災、一九一五年の中華民国広東地方水害、一七年の天津地方水害、三一年には中華民国全体に対する水害義捐金集めに奔走した。さらに一九二六年の米国フロリダ地方、三〇年にはフランスの西南部の風水害被災者支援などが、代表的な活動である。

こうした義捐金をはじめ、渋沢はともかく募金集めに奔走することが多かった。晩年に至り、イタリアの骨相学者から、「あなたは百七歳まで生きる」と言われ、喜んだ渋沢は、服部時計店創業者の服部金太郎にそれを伝えると、服部は真顔で言ったという。「えッ、そりゃ大変だ。渋沢さんが百七つまで生きられちゃ、これからどれだけ寄付金のご用があるかわからない。もっと稼がなくちゃ」。この発言に満座は大笑いだったというが、服部にとっての渋沢イメージはそうしたものだったのである（渋沢秀雄『渋沢栄一』一九六五年）。

竜門社と「道徳」普及活動

竜門社は、渋沢門下生、または近しい人たちの親睦学習サークルといった体の団体であった。『青淵先生六十年史』によれば、一八八七年ころに「書生集まりて一社を結び、学業を講論す。尾高惇忠これが名を命して竜門社と言う」、「竜門社員は最初青淵先生門下の書生のみなりしが、先生監督の下にある銀行・会社その他諸般事業に関係従事の者は均しく先生の薫陶を受くる者なるを以て、入社を許し」たと記されている。その機関誌『竜門雑誌』は、翌年四月から毎月刊行され、一九四八年まで発行され続けた（一九四九年に『青淵』と雑誌の名称を変え、今日に及んでいる）。

一九〇七年に開催された竜門社集会で、渋沢は同社の将来について、次のように語っている（渋沢「竜門社秋季総集会に於ける演説」『竜門雑誌』〇八年一月号）。

「この竜門社という会合は、ほとんど主義もなければ、目的もはなはだ茫漠たる有様に成り立った……十人か十四・五人打ち寄って雑談していたに過ぎなかったものが、今日では七百八十人の多数になっている」、「竜門社においてやがて規程を立てるならば、私が平成希望しているように、実業界の王道を拡張するように、と切望して止まない。……この竜門社の主義によらねば、真正なる富はできぬのである。真正なる道理は履めぬのである。しこうして仁義道徳と功名富貴というものは、全く離るべからざるものなりということが、近い未来に証明し得られたら猶よろしいではないだろうか」云々。

竜門社幹事会は、渋沢の提言を受け、社則変更を議論した。そして一九〇九年二月の幹事会で、変更の提案が認可された。その新社則第二条の「目的」は、「本社は、青淵先生の常に唱道せらるる主義に基き、主として商工業の智徳を進め、人格を高尚にする」とされた。また旧第六条「本社の機関として毎月一回『竜門雑誌』を発行し、之を社員に頒布すべし」は、「本社は毎月一回『竜門雑誌』を発行し、汎《あまね》く公衆に発売すべし」と修正された。

つまり、閉じられたサークルであった竜門社を「公衆」に開かれたものに転じようとする姿勢が、ここに明確になる。さらに一九〇九年七月号から、以前からあった「栄一の動向」欄のほか、「栄一の思想」の記事枠が設けられた。その結果、同誌は、明治末期以降の渋沢が社会に発信することを望んでいた「道徳経済合一論」的な議論を発表する場となっていくのである。

4　渋沢栄一の「平和」論とアメリカ民間外交

渋沢の「平和」観

一九二六年一一月に行なわれた「雨夜譚会」（渋沢への聞き取り）で、秘書の白石善太郎から、「先生は平和主義で戦争はしない主義と推察しますが、この時（明治初期の台湾出兵）の非戦論は財政上不可であると言う意味だけであったのでしょうか」と尋ねられた時、渋沢は「もちろん当時のことだから、この頃言う様な思慮をめぐらした広い平和論からではなく、財政上不可であると言う浅薄なものであった」と応えている（「談話筆記」同年同月六日）。

渋沢が言うこの「広い平和論」がどのようなものであったのかを、以下見ていきたい。

「帰一協会」と世界平和への志

渋沢栄一が、一九一二年に創立された帰一協会の中心にいたことには触れた。この帰一協会は、「時局に対する国民の覚悟」という講演を渋沢が行なったのをきっかけとし、第一次世界大戦中の一九一五年三月、「時局問題研究委員会」を協会内に作り、一六年二月には「宣言文」を発表している。その六項目はこうだった。①自他の人格を尊重し、国民道徳の基礎を鞏固にすべし、

②公共の精神を涵養し、以て立憲の本旨を貫徹すべし、③自発的活動を振作すると同時に組織的協同発達を期すべし、④学風を刷新し、教育の効果を挙げ、各般の才能を発揮せしむべし、⑤科学の根本的研究を奨励し、その応用を盛にすると共に、堅実なる信念を基礎とし、精神的文化の向上を図るべし、⑥国際の道徳を尊重し、世界の平和を擁護し、以て立国の大義を宣揚すべし（「帰一協会宣言」『帰一協会会報』第七号、一九一六年三月）。

「人格尊重」、「公共精神」、「立憲の本旨」などを前提に、世界的視野において道徳や教育・科学を発展させる由が謳われており、とりわけ「国際道徳」、「世界平和」の尊重と擁護を訴えた点は、第一次世界大戦期において意味が大きかったと思われる。

こうした帰一協会の「宣言」は、渋沢の志向と重なるところが少なくなかったと考えられる。たとえば、渋沢が一九一四年に発表した「国際道徳と世界平和」では以下の見解が示されている（『竜門雑誌』同年五月号）。

「近年平和に関する議論が漸次その声を高め、各国の平和運動も次第に活気を帯びて来たのは、人道上大に注意すべき事である。……私の観る所では国際平和は決して空想でない。軍備拡張の必要は近き将来において無くなるであろう。しこうしてこれは主として国際道徳の発達に待たなければならぬ。……そもそも道徳は文明の真髄をなすものであって、道徳の発達せざる物質的文明は真の文明でない。しこうしてこの意味における道徳は、社会の生産殖利に一致したものでなければならぬ。……道徳と殖利とを一致せしむることは、一国内においては比較的容易であるが、国際間においてはなかなか難しいのである。……これ国際紛議の起る所以であって、軍備拡張の理由もここに存するのである。もし国民道徳がだんだん発達してその範囲を国際間に拡張するようになれば、真の平和が実現されることになり、軍備の必要も無くなるのである」云々。

渋沢の「平和」論

渋沢は、こうした「国際道徳」の見地から、理想的観念的な平和論のみを訴えていたわけではない。国内において「平和運動は……軍備負担の苛重に苦しむ苦痛の叫び声であり、軍備拡張に対する納税者の自覚である」と、一九一一年に発言し、「納税者」に経済的困難を与える軍備を批判していることは、前章で紹介した。

第一次世界大戦に至っても、この思想は基本的にぶれていない。「尚武の気風を濫用して、国力に伴わざる軍備拡張を計らんとするがごときは、大いに慎まざるべからず。吾人は某国のごとき富国弱兵を悦ぶ者にあらざれど、同時にまた国家の資力を無視せる偏武政策に反対す。……今日の我国が何物をおいても、まず経済界の休養発展を第一の急務とせざるをべからざるは、今さら呶々《どうどう》を要せず。大隈伯は今回の増師案提出をもって、単に既定の二五箇師団を実現せんとするに過ぎずと称するも、吾人はむしろ国力の疲弊、今日の如き場合、強いて増師を断行せざるべからざる理由のどこに存するかを問わんと欲す」(「第一次世界大戦と偏武政策」『竜門雑誌』一九一五年一月号)。

ここでは、「経済界の休養発展」が第一の目的とされ、明治末期の「納税者」「国民」という語彙が後景に退いている点は無視できない違いである。とは言え、第一次大戦期において、軍部や旧知の大隈重信を相手に回し、こうした議論を展開できたのは、渋沢の面目躍如であった。

一九二〇年代半ばに駐日米国大使だったチャールス・マクベーは、「世界の驚異　子爵渋沢の人物」（『実業之世界』一九二七年八月号）と題する論考において、渋沢をきわめて高く評価している。

「真に驚嘆すべき人物として、全世界に大なるセンセーションを起こしている人物は、私のこれから申述べんと欲する子爵渋沢に他ならぬ。子爵渋沢は、日本帝国はもちろん世界においても比類のない偉大な事業をした人である。

子爵渋沢が博い人類愛の発露から、日本帝国の同胞はもちろん、国際的に人類の安寧と幸福増進のため、あるいは日本帝国および国際的の工業発展と商業の現代化という事に対して、自分の身を忘れて活動したという事は、アメリカ人にはよく知られている。……子爵渋沢が世界の平和という理想をもって、和平運動に努力されていることもよく知られている事柄である」。

アメリカ外交官がこのような認識を持つに至った一つの原因は、渋沢が国内で行なっていた「平和」的発言であったろう。しかし、それ以上に、渋沢が実業界引退後の活動として力を入れていた対米民間外交が評価されたことも大きい。以下、この側面を確認していきたい。

初めてのアメリカ訪問

渋沢が最初に訪米したのは、一九〇二年五月から六カ月間の欧州視察の途次であった。この時は、現地の新聞が「日本のモルガン来る」と書き立てるほどの最高賓客扱いで、セオドア・ルーズベルト大統領主催の晩餐にも招かれている（『報知新聞』同年七月三日付）。

その時の多くの逸話の中から、「経済」をめぐるものを紹介しておこう。すなわち、ルーズベルトは「日本開国以来の進歩の著しいことを賞め、日本の美術の立派なことを褒め、また日清戦争に勝った日本陸軍の偉大さ、三三〔一九〇〇〕年北清事変に際し、日本兵の勇敢さを口を極めて讃えた。その時子爵〔渋沢〕は余りお喜びにならなかった。そして『あなたは今日本の美術、兵制のことをお褒めになったが、日本の商工業のことについては何のお話もなかったのは誠に遺憾だ。しかしこの次にお目にかかったときには、日本の商業についてお話をしよう』といわれた」云々（「渋沢子爵米寿記念座談会」『実業之日本』一九二八年一〇月号）。

これは、「堀越商会主」堀越善重郎の回顧だが、堀越はこの発言に続け、一九一五年の訪米で再会した時にルーズベルトが「この前には貴下の御不満足を買ったが、この頃は日本の商工業も非常に進歩しました」と述べ、渋沢が大変喜んだ旨も合わせて証言している。

また、渋沢がアメリカ訪問で得た見聞は、青年期のフランス経験に優るとも劣らぬものであった。たとえば、農業については、「広大無辺なる土地で……運搬の方法はすべて鉄道を利用して容易に行っている」ことに瞠目している。一方、工業については、「工場の事務所はきわめて使用人を減じて小さくし、工場の方が大きい。……皮の薄い、中実の豊富にしていくら食べても食べ切れぬ果物のようで、しかもその果物はうまい」と例え、日本へは「皮と核ばかりで中実は少しもない」と辛辣な批判をしている（『自叙伝』）。

渋沢による対米民間外交

しかしながら、日米関係は、アメリカ西海岸における日本移民排斥運動や満州利権の対立などから冷え込んでいた。それを是正するための方策として、一九〇七年に、日本側が移民の自主制限を実施する「日米紳士協定」が締結された。さらに外相小村寿太郎は、融和を図るための「国民外交」を渋沢が展開してくれるよう依頼している。この時の渡米はならなかった渋沢であるが、日本移民排斥運動が一層の高揚を見せた一九〇九年には「渡米実業団」を組織し、日米の商工会議所相互の友好親善と移民排斥問題の調停のため、アメリカに赴いている。

しかしながら、一九一三年に入っても日本人移民排斥運動は沈静せず、遂には「カリフォルニア州排日土地法案」が州議会に提出された。それらが日本に対する誤解から生じたと考えた渋沢は、東京商業会議所会頭の中野武営や衆議院議員島田三郎等とともに、同年三月「日米同志会」を結成し、アメリカの通信社・新聞社の関係者を日本に招き、理解を深めてもらおうとした。こ

エジソン電気会社に於ける渡米実業団（1909年９月25日）
前列中央渋沢の右にエジソンがいる。

うしたネットワーク構築はそれなりの意味を持ったが、結局のところ同法は成立し、日本人によるカリフォルニア州の土地所有権や借地権は禁止、また制限されてしまった。

渋沢が三度目の訪米を果たしたのは、一九一五年のパナマ運河開通記念博覧会見学の折りである。この時も、ウィルソン大統領、ニューヨークの銀行家ヴァンダリップ、デパート経営のワナメーカー、缶詰王と言われたハインツ、労働組合指導者のゴムパースなどと会談し、日米関係融和を模索した。

帰国した一九一六年二月には、「日米両国の親善を永遠に保持するため、常に両国民の情意を調査、融合せしめ、時に紛議を生ずることあれば、これが解決に努むる」ことを目的とする「日米関係委員会」を設立した。さらに一九二〇年四月には、「国際連盟協会」を組織し、その会長として世界の恒久平和を実現したい旨を世間にアピールしている。

一九二一年一〇月にワシントン会議が開かれた際にも渡米し、同会議を視察するとともに、日本の実業家を率い、ハーディング大統領や閣僚・議員と意見交換をしている。四回目の、そして最後の訪米でもあった。この時、すでに八一歳の高齢になっていた渋沢は、出発の前に、「今回私が老躯を提げて渡米を決心するに至ったのは、一には多年憂慮せるカリフォルニア州の移民問題が、昨年の国民一般投票（土地法）以来ますます不良に傾きたるに付き、これを緩和せんがため、また一には昨年東京へ来訪せられたサンフランシスコおよびニューヨークの諸名士へ答礼を兼ねて、それらの人々と日米の問題について提携協議する事の打ち合わせをなさんがためであるが、あたかも来る一一月には、太平洋会議がワシントンにおいて開かれるので、この機会に国民の一員としてその実況の視察を兼ねて」渡米するのだ、と語っている（「青淵先生渡米紀行（一）」『竜門雑誌』一九二一年一一月号）。

ワシントンでは加藤友三郎全権を訪ね、「軍備縮小のため、一部当事者および労働者間には、その営業上に急激の変化を生ずるを以て多少の苦情あるべきも、事の大小軽重を較量し適当の処置ありたし」と、大局的見地から軍縮すべき旨を懇願している。

実業界引退後の渋沢は、このように、政府間交渉とは異なる民間ネットワークの構築に努め、日米有志協議会、日米協会などの集まりの中心的存在になっていく（木村昌人『渋沢栄一――民間外交の創始者』）。他の公益事業への関わりと同様、実業界の重鎮・渋沢がメンバーに加わることで、資金集めがしやすくなる側面はあったが、渋沢はそうした「お飾り」的地位にとどまらず、多くの場合は頻繁に会合に足を運び、積極的な発言を重ねたことは記憶されて良いだろう。もちろん実際の政治局面では、その提言が十全に受け入れられたわけではなかった。しかし、アメリカ人は渋沢を「Grand old man といっています。アメリカでもこの尊称で呼ばれているのは、ワシントンとリンカーンの二人しかないくらいで、これを以て見ても子爵のアメリカにおける信用の絶大なる事が証明されます」という証言があるように、一部からは非常の敬意を獲得していたことは、記憶に留めて良いだろう（前掲「渋沢子爵米寿記念座談会」、堀越善重郎の発言）。

国際交流への努力

渋沢が関わった国際団体は、アメリカ関係だけではなかった。一九二〇年四月に成立した国際連盟協会の会長に就いたことはすでに触れた。それ以外にも、青年時代をすごしたフランスとの友好を取り結ぶ日仏協会、また日露協会・日印協会・日華学会などの諸団体で、会長・副会長・顧問等の責任ある地位につき、それぞれの友好親善の前面に立った。

また、渋沢は、東京・飛鳥山の自宅に、海外の賓客を招くことも少なくなかった。たとえば詩人タゴール、蔣介石、ユリシーズ、グラント前アメリカ大統領、セオドア・ルーズベルト大統領夫人、ウィルソン大統領夫人をはじめとし、世界の政財界人・学者・文化人などを歓待し、民間人としての国際交流に努めたのである（「外賓接待」『伝記資料』三八・三九巻）。

「人類の太陽」渋沢とノーベル平和賞候補

渋沢が米寿を迎えた一九二七年、『実業之世界』誌は、渋沢に親しく接した外国人からの祝辞も集めている。それに応じた一人の聖路加国際病院長ルドルフ・トイスラーは、「人類の太陽渋沢子爵に慈父の如く導かれし予の二十年間」という賛辞に満ちあふれた論文を寄せた（同誌同年一〇月号）。

「宇宙の如き包容力と太陽の如き慈愛を持った真に偉大な人物は、この世の各時代を通じて、極めて稀に出るものであるが、もしこうした偉大な人物を現代に求むるならば、まず私は子爵渋沢に指を屈しなければならぬ。

もしまた日本固有の崇高なる武士道を現代化し、心から全人類の進化幸福に尽瘁する事をもって最高のプライドを感じ、最大の満足を見出すと言ったような、神の如き型の人物を求むるならば、私は子爵渋沢を措いて他にないと信ずるのである。

子爵の一切の行動は、国家を超越した燃えるような人類愛の精神に基き、その全生涯の光栄ある記録は、国土、人種、民族、信仰等の差別を超越して、真に人類のより良き文化への不断の努力であった」。

トイスラーは、寄稿文のタイトルを「人類の太陽」とし、渋沢にあたかも「神の如き」位置さえ与えるかのような、類例のない評価を与えたのだ。

こうしたアメリカ等からの高評もあってか、渋沢は一九二六年度のノーベル平和賞候補に推された。推薦人は加藤高明首相らで、「日米関係を中心とする国際親善平和のため（in the cause of international amity and peace, more particularly between Japan and the United States）」をその理由としたが、落選する。翌二七年度にも再度推薦され、今度は上記の理由に加え、「東洋の指導者（Oriental leader）に平和賞が与えられる意義」を強調したが、結局受賞はならなかった（「ノーベル平和賞ニ関スル書類」『伝記資料』四〇巻）。

ここに見るように、晩年に「東洋の指導者」という認識を与えられた渋沢が、東アジア（朝鮮・中国）とどのような関係を持とうとしていたのかについて、次章で検討していきたい。

第6章　東アジア国際関係と対外思想——渋沢栄一にとっての朝鮮・中国——

1　渋沢栄一と朝鮮

渋沢栄一と東アジア

「財界の元勲」との異名さえ与えられた渋沢栄一は、確かに近代の政治家（元勲）たちと対等に議論できる履歴と実力を兼ね備えていた。そして、政治家・官僚が、朝鮮半島や中国大陸に軍隊を出そうとした時に、渋沢が「経済的見地」からの歯止めをしばしば掛けようとしたことは、先に見た通りである。

しかしながら、軍事的冒険主義への牽制をする局面はあっても、渋沢は東アジアへの「経済進出」自体にはきわめて積極的であった。とりわけ明治前期では、海外進出がリスクを伴うことを懸念し躊躇する実業家が多かったなか、渋沢はそれを「国家的使命」あるいは「文明の扶植」という観点を前面に出し、先導的な役割を果たしていく。

本節では、渋沢による朝鮮および中国への経済政策とこれらの地域への眼差しを通じ、渋沢の対外思想を見ていきたい。

朝鮮と第一国立銀行

一八七六年の日朝修好条規締結により、日朝間の貿易が開始される。この時、政府中枢の大久保利通から、朝鮮への経済進出を諮られた大倉喜八郎が、渋沢栄一に第一国立銀行の朝鮮進出を呼びかけた。当初、同行の幹部たち、とりわけ株主の一角を占める三井関係者は、その働きかけに難色を示したとされる。しかし、渋沢の主導権で出店決定を見、一八七八年六月に第一国立銀行釜山支店が開設された。次いで、一八八〇年五月に元山出張所、八二年一一月に仁川出張所が設置されるなど、早急な業務展開を見せた。

しかしながら、朝鮮での業務は低迷が続いた。ようやく経営が安定したのは、景気回復や仁川港の発達を経た一八八八年であったとされる（この年には、京城出張所も開設された）。その背景には、渋沢が低収益を改善するため、領事館の公金や海関税の取扱い、低利の政府融資、地金銀の日銀への売却といった特権を次々に取得していき、朝鮮各支店の収益を確保できるところまでに持っていく辣腕があったとされる。

株式会社第一銀行券（5円）

第一銀行が朝鮮政府への貸付を始めたのは一八八四年からだが、一九〇五年に、朝鮮国庫金の取扱い、貨幣整理事業、第一銀行券公認のいわゆる「三大特権」を得るに至る。渋沢の肖像が入った「第一銀行券」が朝鮮内に流通し始め、実質的な中央金融機関になって以降は、第一銀行全純益の四〇％余りを朝鮮各支店が挙げ、経営安定に寄与していく。

ところが一九〇九年一〇月、中央銀行として「韓国銀行」が設立され、翌月に第一銀行から事務が同行へ移譲されると、韓国における第一銀行の影響力は大きく低下した。それらの事情について、渋沢は、次のような思いを語る。

「朝鮮におけるわが第一銀行は三十有余年の久しい関係であった。韓国政府のために尽したことも少なからずあり、これがために、余を始め行員の奮闘努力したことも少々でなかった。しかるに一昨年、故伊藤

〔博文〕公爵から韓国銀行を設立し韓国の中央銀行とし、従来の第一銀行の事務を引継ぎたいという相談があった。余は多年韓国と関係ある第一銀行のためにこれを好まなかったのであるが、公より国家のためにこれを聴いてくれという御依頼があったので、国家のためとあれば止むを得ぬことであるといって、快く引継を承諾した。しかし一面、韓国銀行の利便を図ると共に、また第一銀行の株主の利益をも考えねばならぬ。余は両者の間に立って人知れぬ苦心をなし、両者の利害を調和し、両者の関係を円滑ならしめ、一語の物議をも起さず、一事の齟齬をだも生ぜずに解決した。しこうして第一銀行の跡を承継する韓国銀行の役員も、多くは第一銀行から譲り受けた人々にて、余と従来深い関係ある者ばかりである。これらの引継こそ、真に堯舜の禅譲に劣らぬと言うてもよかろうと思う」（渋沢「余は如斯精神を以て奮闘的生涯を送れり」『実業之世界』一九一〇年一〇月）。

「堯舜の禅譲」とは、少々大げさな自己評価である。しかし、この表現からは、苦労して成長させてきた朝鮮支店が消滅する時、「国家のための致し方ない行為である」との感慨と嘆息をもって、自身を納得させようとする渋沢の姿が見て取れる。ただその嘆息が大きければ大きいほど、対朝鮮政策への関与度が高かったという評価を一方で避けることはできないだろう。

渋沢と金玉均

明治前期の朝鮮情勢との関わりで言えば、渋沢は金玉均との接点も持っていた。甲申事変で敗れた金が、一八八五年に日本に逃れてきた時、旧知であったこともあり、二晩自宅に泊めている。その顚末に関し、渋沢は後年「亡命して来た以上、事情を具して李鴻章の懐中に飛び込んで行くのが一番よい。あるいは死なねばならぬかも知れないが、それが生きる道だと忠告してやったが、遂にそうしなかった」と回顧している。

金玉均を匿った渋沢であるが、後年次のような発言もしている。「朝鮮に対しては、私は政治的の考えは少しも持たなかったが、第一銀行の支店も置いてあるので、その事情を知る必要があるとして、朝鮮人は特に相当の世話をした。また政治的関係は避くべきであるとしたが、我が経済的な海外発展は必要であるとしてそれに心掛けた。……日本として朝鮮を失えば、その国力の維持ができるか判らぬと思ったから……韓国に対する私の考えは、三韓征伐とか朝鮮征伐とか征韓論とかに刺激せられたものであろうが、とにかく朝鮮は独立せしめて置かなければならぬ、それは日本と同様の国であると考えておったのである。かように私は常に政治的のことは言わなかったが、商売的観念から朝鮮に対した。また台湾征伐に反対した当時の考えも財政経済の方面からであった」云々（以上、「談話筆記」一九二六年一一月一三日）。

ここで渋沢は、「経済的な海外発展」を第一銀行などによって押し進める観点から、さらに「商売的観念」から、朝鮮人の世話をしたのであって「政治的の考え」はなかったと明言している。しかしながら、二七年一二月の聞き取りでは、「朝鮮に限って実業家の私も政治上の興味をもった。

これは歴史に教えられたためでもあろう。私は常に考えて居った。日本の安寧を維持するにはどうしても朝鮮に勢力を占めなければならぬ。もし朝鮮がロシア・支那に占領される事があっては、到底日本は安寧を臨まれぬ」とも証言している（「談話筆記」同年同月一三日）。

渋沢が、日露戦争主戦論に転じていったのは、朝鮮の確保のためであった由を前に見た。経済的利害に基づいた判断を下すことが少なくなかった渋沢ではあるが、朝鮮問題については、安全保障という「政治」的観点からの対処への傾きが強かったと言えよう。

朝鮮半島での鉄道敷設と渋沢

渋沢は、初めての韓国視察を一八九八年四月に一カ月余の旅程で行なっている。帰国後の同年六月、東京株式取引所理事長の大江卓が、三名の実業家の働きかけに応え、京釜鉄道会社設立委員会を組織すると、渋沢はその発起委員長に据えられた。そして、韓国政府から建設許可を得た後、釜山―京城（ソウル）間の敷設に向けての事業が開始されるが、日本財界からの資金集めは順調とは言えなかった。さらにまた対露協調を重視する伊藤博文が鉄道に反対の態度をとったことも遅延の原因となった。

京釜鉄道建設が滞る中、渋沢は京城―仁川間の鉄道敷設にも関わっていく。一八九七年一月に米国人モールスから、鉄道譲渡申し出の打診を受けた際、渋沢は「元来国際上の関係から考えても、また民間の経済上から見ても……ぜひとも日本人の手によって創設したい」という強い意志を持って、周辺に出資を呼びかけた。しかし、応諾を得られなかったため、当時外相の職にあった大隈重信を通じ、説得した結果、他の実業家たちは「利益はないかもしれぬが、外国人の手に任せるのは遺憾であるから、めいめい巨額の出資はできぬが、少しくらいの金を出して日本人の手でやりたい」(『自叙伝』)という消極的姿勢ながら、五月にようやく引受組合ができた。銀行経営同様に、朝鮮への経済投資は割に合わない仕事であるというのが、往時の実業家の一般的理解だったことが伺える逸話である。

モールスに一七〇万余りを払い鉄道を正式に譲り受けた京仁鉄道合資会社(引受組合の後身)は、一九〇〇年七月に京城―仁川間二六キロメートルを開通させた。その開通式に臨むため、同年一〇月末に二度目の訪朝を果たした渋沢は、このような談話を残している。

「思うに、従来半島国に対する我国の人々、また国としての行為・施設は政治の方よりする者多く、実業上の経営をもってする者に至りては、実に寥々たる有様なり。……半島国の独立を扶植し、その保全を期図するには、政治的の力でするよりは商工業、即ち実業の力をもってするにあらざれば、これが目的を達するあたわざるべし。……かの国を扶植するは取りも直さず、日本国永遠の利益を保全することとなるものなれば、我国自衛の上より言うも、かの国に対する実業的扶植は欠くべからざる緊要事に属するものなり」。

「国民の責任として……実業的扶植をもって半島国を開発し、その実業上の関係を密接ならしめ、これが独立を擁護し、我邦の自衛を全うし、その間毫も韓国の独立を害すべき他の勢力の侵入し得る余地なからしむるよう奮闘協力をなし、韓国全土を挙げて我が利益線の圏内に置き、もって彼我の権益を保全すること、当今の一大急務なりと考ふるなり」。

「最も彼我の貿易関係を緊切ならしめ、韓国の利源を開発してその実業に一大活気を与うるものは、かの鉄道布設にしくはなしと信ずるなり。……鉄道布設は開発利器の最も顕著なる効験を有するものにて、すなわち韓国の如きは、まず第一に鉄道を布設し、その眠れる国状に一大鞭撻をなすことを、最も急なり」（以上、渋沢「韓国視察談（広島商工会議所）」『竜門雑誌』一九〇〇年一二月号）。

この談話からは、韓国に対し実業的扶植による開発を行なうべきで、そのためには鉄道布設が早道であると考えていたことが分かる。ここで渋沢が語っている「利益線」とは、山県有朋が朝鮮半島への軍事的進出を正当化していった概念（「主権線」「利益線」、山県「外交政略論」一八九〇年）を受けたものであろう。すなわち、渋沢は「政治的の力」を措くとしながらも、実際には軍事的政略を「実業」的側面でも後追いする思想を述べていることになる。

以上は京仁鉄道開通までの顚末だが、京釜鉄道についても簡単にまとめておきたい。一九〇一年に工事こそ着工したが、遅延状態が続くさなか、一九〇四年二月に日露戦争が勃発する。必然的に軍事物資輸送等が求められ、急ピッチの工事の末、一九〇五年には全線開通を見た。

なお、建設推進派であった渋沢は、後に「朝鮮の鉄道に関しては、伊藤・井上等の人々はむしろ反対であり、山県・桂等の人々は促進せよ、とて賛成した。私は伊藤、井上とは懇意であるが、この時の私の考えは鉄道促進で、山県さんと同意見であった」（「談話筆記」一九二七年四月二六日）と回顧している。

大蔵官僚時代の渋沢が国家財政を念頭に置き、台湾出兵に反対したことには再三触れた。それは、井上馨の意見を代理として述べたものとされ、両者共通の見解であった。その井上は、日露戦争「開戦」論に転じた渋沢を「人が変わった」と批判したが、京釜鉄道敷設については「遅い」と難じたという。渋沢は後者については、「貴方は京釜鉄道を敷設しようとした時、何と言われた。私の主張には反対せられたではないか。私どもは早くから朝鮮へ日本の勢力を植えつけて置かねばならぬ。それには鉄道が必要だと考えてやっているのだ」と逆襲した。反論ができなかった井上は、予算を付け、ようやく京釜鉄道は完成に至ったという（以上、「談話筆記」一九二六年一一月六日）。

朝鮮人に対する渋沢の眼差し

一八九八年、京釜鉄道敷設に関わり、初めて韓国に渡った渋沢は、次のような感想を持ち帰った。「工事の監督をやっていたのは、イタリア人の技師セルヴィッチと言う人であったが、私はその時彼が朝鮮人夫を使役している有様を見て、実に深い感触を惹き起した。……彼は朝鮮人を牛馬の如くに虐待し、鞭をもって打つばかりでなく、遂には足蹴にすると言う次第であった。……〔その後、鉄道工事は滞り、渋沢が引き受けることになった。渋沢は日本鉄道会社にいた足立太郎を責任者に当て、工事を進めさせた〕。この時、私が第一に足立君と約束したことは何であったか。それは、『朝鮮人を使役するに、説得しあるいはやむを得ず叱責するも致方はない。しかし打擲することは断じてならぬ』と言う事であった。それはさきのセルヴィッチの行動は人道上見逭すべからざる事であって、四海兄弟の観念に立つ文明人の決してなすべき事ではないと確信したからである」（渋沢「朝鮮教化運動賛成の理由」一九一八年三月、朝鮮教化問題講演会、『伝記資料』別巻五）。

さらに、朝鮮に「往って帰った人が無暗に朝鮮を誹《そし》りますけれども、私は努めて朝鮮保護者の位置に立っている。すでにおのれの銀行中でもここに同席している市原盛宏君などは口を極めて朝鮮を誹る、私は極めて弁護する」という発言も残している（「韓国視察談（一九〇〇年一二月二五日、銀行倶楽部での講演）」『伝記資料』別巻五）。すなわち、朝鮮人に対する明白な侮蔑意識を糺そうとするのが、渋沢における「文明」的態度だったのである。

一九〇〇年一二月に広島で行なった「韓国視察談」の中では、韓国皇帝に対し、「自分の奏言に対する王のお言葉ご挨拶振り等は、自分の見る処にては至極行届かせられたる方にて、そのご対応の有様お話し振り等より察するも、確かに普通以上のご稟質にあらせらるる事を信ぜり」とし、政府高官についても「言語応対等は何れも皆巧者の方にて、決して吾々に劣りたるものと見えず」という感想を語っている。

自身は「文明人」としての振る舞いができており、意図的あるいは無知の所産として朝鮮人を見下す人々とは異なるとの自意識発露が、ここから読み取れよう。とは言え、同じ講演中に、「半島国民の全体はさらに貨殖蓄積と言える観念なるものあらず。これは一般にしかるものにて、賢不肖智愚の別なくかかる観念を有せず。……血液骨肉なき躯体と同然にて、真誠の改革は思いもよらず、ことに実業上の進歩は極めて遅緩にて、今後の発達は想像し得べからざるものの如し」という表現もあり（前掲、渋沢「韓国視察談（広島商工会議所）」）、「保護者」的高みから見下ろす視線に囚われていたこともまた否定できないのである。

韓国併合に対する認識

一九一〇年八月、韓国併合条約が締結された。この併合に関する渋沢の認識は、たとえば、以下のようなものであった。

朝鮮は「一国としてそれ相応な制度習慣をもっていたのであるから、日本の領土となったからというて、ただ今から急激に万事を日本式に改めることは、ちょっと困難の問題である。したがって租税などでも統一ある歩調を取らせるまでには、相当の時日を要することは当然のことと見なければならぬ」、「朝鮮の産業には前途なかなか見込みが多い。地味も概して悪くは無い」、「ここに憂うべきは、朝鮮人が内地人に対する怨嗟の声である。……それゆえ今後内地人は彼等に対するに同胞の情を以てし、どこまでもこれを愛護指導するの態度を取らなければならぬと思う。従来内地人の彼等に対する態度を見るに、ややもすれば空威張《からいばり》を事とし、内地では碌でもない人間が鳥なき里の蝙蝠《こうもり》で彼等を人間扱いにしなかった。かくの如き調子は朝鮮開発に百害あって一利なきものだからよろしく改めるがよい」（渋沢「朝鮮の開発について」『竜門雑誌』一九一〇年一二月号）。

まず渋沢は、朝鮮に対する拙速な同化に疑問を呈するとともに、「空威張」をする内地人自身が朝鮮人の「怨嗟の声」を招くことの懸念を示していた。

時期は前後するが、一九〇六年六月に三度目の渡韓を果たした渋沢は、帰路の七月一一日に神戸高等商業学校の学生を相手に、訪韓の感想を述べている。すなわち、日露戦争の「戦後諸事物の発展に伴う経済界の発展について、最も注意を要すべきは支那・朝鮮の事、すなわち東洋における経営である。……朝鮮のみにても、諸君が総掛りで働く余地は十分にあります」。しかし、「従来我国の人が韓国に到って経営するのは『ブッタクリ主義』・『一攫千金流』であったが、これはよろしくない。かく今日の如くに統監府のある処ゆえ、国民と同一の考えで韓人に対して『腰掛主義』や『掠奪主義』を廃めて、『居坐主義』・『文明主義』になる事を奨めます」云々（渋沢「神戸高等商業学校における演説」『竜門雑誌』同年一一月号）。また帰京後、ただちに「朝鮮七年の進歩」という視察談を『中央新聞』（同年七月二〇～二四日付）に発表し、七年前は「腰掛外交」であったが、今日はそうでない。「我が商業もまた政治上の進歩に伴い、ブッタクリ主義と言うと何だか悪く聞こえるが、権道詐術を逞《たくまし》うすると言うような事を止めて、彼も利し、我も利し、腰掛主義を一切排除して、永久的に事業を心掛けなければなりません」と繰り返した。

これらは併合前の発言であるが、日本社会が朝鮮に対し、「文明主義」を徹底せず、「略奪主義」的な対応をしていることに苦言を呈していることが分かる。

渋沢は、朝鮮人に対し、「同胞の情」による「愛護指導」をひたすら実践することが肝要であると強調し続けるのだ。

朝鮮「開発」における渋沢栄一の役割

渋沢は、韓国併合を目前にした一九〇九年六月、京城で電気事業を独占していた韓美電気会社を買収し、日韓瓦斯電気株式会社と改名した。さらには、朝鮮精糖、朝鮮軽便鉄道などを朝鮮総督府との協力の下で設立していくことになる。

一九二七年七月、中央朝鮮協会会員招待会に招かれた渋沢は「答辞」として、自身の朝鮮との関わりを次のように回顧した。「朝鮮に関しては、その鉄道、農業または内鮮融和等の関係について、過去においても努力したのでありますが、現在において深く心配し、なお一層尽さねばならないと考えております。……私としては、朝鮮に対しては単に鉄道のみでなく、農業も鉱業も出来るだけ開発はする必要があると言う意見で、かねて銀行紙幣の通用方法などの順序をつけるに付いても、積極方針を採っていたような訳で、鉄道に関しても積極説に従ったのでありますが、そのため井上（馨）さんなどからは『平素の渋沢にも似合わない』などと言われました」云々（『竜門雑誌』同年八月号）。

明治初期から率先して朝鮮「開発」に力を注いできたにもかかわらず、半世紀経っても「心配」が尽きぬことを告白する最晩年の渋沢であった。

一九三一年一一月に渋沢が死去して二年の三三年一二月、朝鮮・京城府奨忠壇公園に「渋沢青淵先生頌徳碑」が建設された。発起人四四名（うち一七名は朝鮮人）の呼びかけにより二万円余りの寄付金を集め建てられたものだが、除幕式で「式辞」を読み上げた頌徳碑建設会会長・李允用（男爵）は、「故先生は人と為り人格円満、見識高邁その卓越せる手腕をもって、我が国財界の先達」である。「我が朝鮮における先生の偉業を見るに、明治十一年には早くもその経営に係る第一銀行の支店を創設して、半島における金融の疎通と銀行業の発達とに貢献せらるるとともに、爾来その在世並幣制の確立に寄与せられ、また今日半島交通上の基幹たる京釜鉄道の敷設に関しては幾多の困難を排して、日韓朝野の間に斡旋これ勗《つと》め、遂にこれを成就せられたる如きは顕著なる事例であります。なお先生は常に朝鮮の開発を念とせられ、深厚なる同情と周密なる指導とを賜わり、終始渝《かわ》らなかったのであります。半島の今日あり、その経済界が著しき進展を見つつありますることは、実に先生の賜であります」と述べた（『子爵渋沢青淵先生頌徳碑建設事業報告書』一九三三年）。

この頌徳碑は、本章で見てきた第一銀行の出店、京釜鉄道敷設等により、「朝鮮の開発」を行なった「一大恩人」として、渋沢を位置づけるのであった。

一方、渋沢が没した直後に、経済学者・土屋喬雄が書いた追悼文「日本資本主義の最高指導者・渋沢栄一」（『改造』一九三一年一二月号）では、第一銀行釜山出店以来の関係性を、「渋沢栄一の歴史的業績の一つは日本資本主義の朝鮮進出の先導者としてのそれである。……日韓併合に当って大蔵大臣桂太郎、韓国統監曽根荒助より贈られたる感謝状が朝鮮経営史上に於ける彼の業績を示して余す所ない」と記している。戦時期に「朝鮮進出の先導者」との位置づけをされていたこと自体は、今日の日韓関係から見ると、やはり批判的検討を加えられるべき課題になっている。

2　渋沢栄一と中国

「論語」の故地・中国への憧憬と幻滅

「歴史上から見ても地理上から考えても、中華民国と我が国との関係は、はなはだ古く、千幾百年の昔に始まっている。両国が互いに極東に位置せる点より言っても、日華の相親睦すべきは何人も異議を唱える所はなかろう。……余の常に崇敬する孔孟列聖が支那の人なるを思う時は、支那に対する余の感じはますます深き親しみを増すのである。……ゆえに日支親善は、余の衷心より冀望《きぼう》して、これについての努力を惜まざる次第である」。

これは、一九二〇年に渋沢が発表した「日支親善の根本策」（『上海公論』同年五月号）の一節である。幼時から「論語」に親しんでいた渋沢栄一は、孔子を生んだ国・中国に対し、格別の思いを持っていた。

渋沢は生涯で三回、中国の土を踏んだとされるが、最初の訪問は徳川昭武に随行してパリに向かう途次、上海に立ち寄った一八六八年一月であった。中国に憧憬の念を抱いていた渋沢であったが、そこで見た上海の現実に驚きを隠すことができなかった。「露天商が道路に食物・器・おもちゃ等を並べ売る。市内の道路は道幅狭く、店は二階建てではあるが、軒が低く、入り口も狭い。いろいろな看板が掲げられ、道路の上に横にして掛けられているものもある。牛・豚・鶏・あひるなどの飲食物を店先で煮て売るため、さまざまな臭気が入り混じり、鼻をつく。道路は石を敷いてあるが、道の両側の捨水が乾く間もなく流れ、汚ない。諸商人・駕籠かき・物乞たちが、それぞれ声をあげ、群集の中を行くさまは嫌な感じがする。……豊かな住民の多くは、駕籠に乗って出かける。貧しい人は衣服が垢まみれで臭気が強い」。

渋沢が驚いたのは、こうした臭気が鼻をつくような雑踏風景だけではなかった。「ヨーロッパ人が現地人を使役するのは、牛馬を追い払うのと変わらない。取り締まりには棍棒を使う」という暴力的態度にも強い衝撃を受けている。しかも、欧米人から奴隷同然の扱いをされている現地人たちは、渋沢が街を歩くと、物珍しそうに集ってきて喧しい。英仏の兵士に追い払われると散り、またすぐに集ってくる。渋沢は、こうした行動をとる中国民衆を全くプライドのない情けない連中と見たため、苛立ちの気持ちも隠していない。

「老樹といわれるものの、文明開化に遅れている。世界の中で自国を第一と考える尊大でわがままな風習がある。昔からの欠点を直し、また国を開くための戦略も立てず、ただ外国の軍隊には敵対できないことと、外国人が理解できないことを恐れるだけで、古い政治を改めることもなく、次第に貧弱になっていくと思われる。なんと残念なことか」云々（以上、渋沢『航西日誌』巻之一、旧暦一月一五日付。漢文書き下し調の原文を現代語に書き換えている）。尊大な中国は、アヘン戦争に敗れ、今や文明開化にも遅れを取っている。政治の因循さにより、どんどん貧窮化、また民衆も奴隷化しているのは、きわめて残念である、という怒りと憐憫が混淆する渋沢の中国初体験であった。

明治前期における渋沢の中国観

渋沢が二回目に訪中したのは、官僚を辞し、民間実業家になっていた一八七七年二月である。同年の西南戦争に際し、陝甘総督左宗棠から、清国公使館付の陸軍大佐・福原和勝を通じた一千万円の借款申し込みがあり、三井の益田孝と渡航している（借款自体は清朝側の都合で契約破棄となった）。

この訪問では、「支那の銀行たる、米に倣《なら》わず英を擬せず。自ら一機軸に出でて、その規画の精整、事業の壮大なる、決して欧米に遜《ゆず》らずして敻《はる》かに我が銀行の上に出でたり」という清国の銀行に対する一定の評価を持ち帰り、それを択善会で報告している（渋沢「択善会の趣旨」『択善会録事』第一回、一八七七年七月）。

辛亥革命の肯定と中国留学生への支援

一九一一年一〇月、清国湖北省武昌で革命派が蜂起し、辛亥革命が勃発した。翌年一月には、孫文が中華民国臨時政府の成立を宣告している。一連の報道を受けた渋沢は、革命について次のように語った。「そもそも支那の国教たる孔子の教えは畢竟革命を鼓吹するものなり。治国と言い平天下と言うも、その極まる所は遂に革命にあらざるよりは外に途なし。国民思想の根底すでにかくのごとくなるに、加えるに最近文明の思潮は、彼ら支那人を駆りて、海外に遊ばしめ、もって諸外国の事情を窮知し、その国勢の如何を比較対照するの機会を与えたり。この時に当たり、満朝にして堯舜もしくは三代の治（理想的な徳治政治）を布きたりとせばいざ知らず、そのしからざる以上、革命の思想は到底勃然として起らざるを得ざるなり。事すでにここに及びたる、今よりしてこれを観れば、革命軍の勃起は実に自然の数なるの感、益々新なるを覚ゆる」（「清国時局観」『日本電報』一九一二年二月一六日）。

儒教が元来持っている伝統的「革命」思想の上に、留学生が海外の「文明思潮」を加えているため、清朝に対する蜂起は「自然の数」（運命）である、と渋沢は理解した。

辛亥革命の中心的勢力の一つが留日清国留学生であったことはよく知られる。一方、革命時に日本に留まっていた留学生も六〇〇〇名あまりいたが、革命勃発の混乱により、学資が途絶してしまった学生も少なくなかった。そこで、渋沢は、近藤廉平らとともに、一九一一年一二月「支那留学生同情会」を設立し、寄付金四万六〇〇〇円を集め、学生たちに貸与している。

さらに第一次世界大戦期の一九一八年五月、「中華民国留学生のため教育上の施設をなし、かつ諸般の便宜を図る目的」のため、「日華学会」を作り、その顧問および会長に就いている（ともに『伝記資料』三六巻「国際団体及親善事業」）。渋沢は、日中関係の将来を担うであろう留学生への投資を惜しむことはなかったのである。

孫文・袁世凱との対談

渋沢は、中国との現実的な関係性を構築していく際に、欧米諸国、特にアメリカとの協調と競争を通じ、日中の経済的提携による共存共栄をはかること、日本の中国における経済的地盤を確立することを中心的課題と考えていた。しかしながら、一九一二年の中華民国誕生、その後の孫文・袁世凱の対立、第一次世界大戦時の「二一カ条要求」に対する中国側の反発など、日中関係の平和的友好的推移には困難が多々あった。

まず渋沢が中国への経済進出の具体的核と考えていたのは、朝鮮半島と同様に鉄道敷設であり、

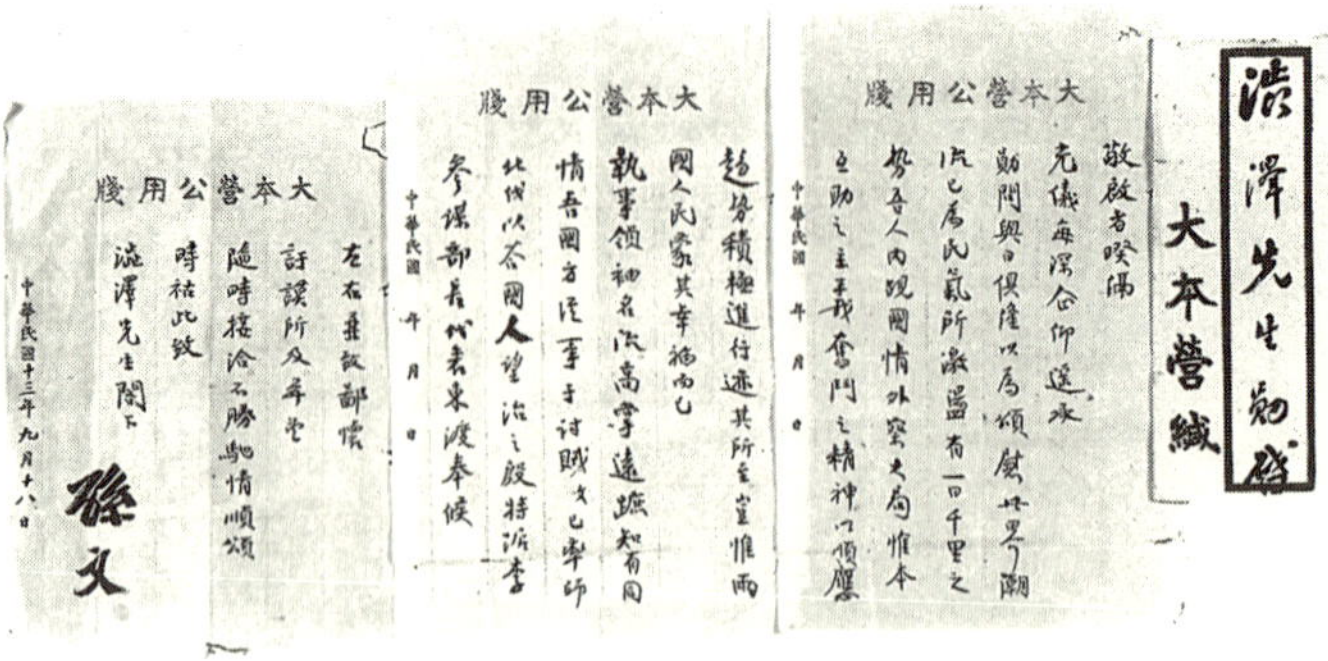
澁澤先生勛啓
大本營緘

大本營公用牋
敬啓者睽隔
光儀每深企仰遙承
勛問與日俱隆以為頃者世界潮
流已為民氣所激盪有一日千里之
勢吾人內觀國情外察大局惟本
互助之主義奮鬥之精神以[illegible]厲
中華民國　年　月　日

大本營公用牋
趨勢積極進行遂其所至惟兩
國人民享其幸福而已
執事領袖名流高掌遠蹠知有同
情吾國方從事于討賊文已率師
北伐以答國人望治之殷特派李
參謀部長代表東渡奉候
中華民國　年　月　日

大本營公用牋
左右並致鄙懷
訏謨所及尚希
隨時接洽不勝馳情順頌
時祉此致
澁澤先生閣下
孫文
中華民國十三年九月十八日

孫文より渋沢栄一宛書簡（1924年９月18日付）
孫文との交流は、1913年に孫文が来日して以来続いた。

日清起業調査会による九江―南昌間の南潯鉄道建設がその端緒となった。さらに欧米列強の中国進出に対抗するため、「東亜興業」を一九〇九年七月設立し、中国における経済基盤を固めようとした。

そうした折の一九一三年二月、孫文が来日し、渋沢と面談する。そこで孫文は「革命後の支那は実学をもって立たねばならない。それで袁には政治をやらせ、自分は実業をやる。そのため、自分は実業大臣となる。その実業を発展させる第一手段として、支那に一〇万里の鉄道を敷く。それについて日本の渋沢子爵を相手としてその援助を乞うて来た」と持ちかけた（白岩竜平「談話筆記」一九三八年五月六日、『伝記資料』五四巻）。

渋沢および日本実業界にとって、中国への経済進出は望むところであり、ただちにその鉄道建設を協力する意志を示した。そのために同年八月に作られた日中合弁企業が「中国興業会社」である。これは、満鉄に似た国策会社で、華南開発を進めていく拠点と目された。広東に強い勢力を持つ孫文とのパイプを期待しての華南開発事業であったのだが、孫文は広東の独立に失敗し、台湾を経て日本に亡命。一方、袁世凱は南京を占領し、大総統に就任し、計画は中挫する。

一九一四年五月、七四歳となった渋沢は、第一次世界大戦期における日中経済の発展を期し、三度目の訪中を果たした。そして北京の袁を訪ね、日中合弁の「中国興業会社」の存続を訴えたところ、「中日実業株式会社」と社名を変更することで存続を認められた。

この訪中の際、北京在留日本人を前にした渋沢は「日本人だけで、中国人はいませんね」と確認した上で、対中国外交が不振なのは、外務省外交、軍人外交、浪人外交の三元外交になっているため、と批判した。さらに「すでに実業界を引退せる予の如きも、死灰再び燃えて腕の鳴るを覚ゆ。予は今にして支那の開発、日支経済関係の連結の急務たるを感知し」ていると述べ、関係強化への志向を力強く述べた（「渋沢男爵支那漫遊中の演説及談話の梗概」『竜門雑誌』一九一六年五月号）。

日華実業協会の設立と関係改善への努力

こうした渋沢の願望と逆行するように、一九一五年一月、日本政府は中国に「二一カ条要求」を突き付ける。最後通牒が出された五月に、渋沢は「もしそれ干戈《かんか》〔武力〕に訴えるが如き場合に立ち至るとせば、日支の実業関係は全く滅茶々々となるの外なく、中日実業公司の如きも、その本能の発揮を事実中断せざるべからざるの運命に立ち至るらん」（『中外商業新報』同年五月四日付）との懸念を表明した。しかし、その直後に大隈首相が銀行関係者を官邸に招き、軍資調達要請をした際には、中国政策への現状批判を多少述べたものの、承諾せざるを得なかった（李廷江「渋沢栄一と近代中国」）。

しかし、晩年の回顧では、この政策が後の日中関係を決定的に悪化させたことを改めて批判的に述べている。「対支那関係等においても、その遣り方を誤っておりはしなかったか？政治上については門外漢であるから、この方面からの観察は別問題として、私の関係する経済的立場から観察すれば、二一ヶ条の対支要求の如きは、確かに不得策であったと言いうると思う。支那の排日熱がその後特に熾烈になったのは、主としてこれらに原因しておるのではなかろうか？……私は従来の持論として、対支方針に関しては、恩威のみを以て臨むことをせず、ぜひ誠意と人情とを以て、当る様にしなければならぬと信ずる」云々と（『自叙伝』）。

確かに二一カ条要求は排日世論を引き起こし、両国間の実業関係も活動停止のやむなきに至ってしまう。それらを解決するためには「恩威」ではなく「誠意と人情」に基づく日中実業家提携が重要と考えた渋沢は、一九一五年七月「日華実業協会」設立を提唱し、二〇年六月に成立させる。幹事には銀行・総合商社・海運関係などからの三〇名が就き、渋沢は会長に推された。そして、実業人の立場から、日中双方の商業会議所間の連絡、事業経営の提携などを通じ、諸問題を平和的に解決する道を探るための活動を展開する。

一九一四年に渋沢は、「支那目下の人情を観察するに、孔孟の教旨、蕩然《とうぜん》地を掃って〔あとかたもなく失くなって〕、尋ねるに由なきがごとしといえども、人誰か善を善とし、悪を悪となさざるものあらんや。もし吾人にして忠恕の道をもってこれに接せば、支那人といえども終には真実に感謝せずと言うを得んや。もし欧米人は非道をもってし、吾人は王道に拠るとせば、最後の勝は必ず吾人に存すべし」（渋沢「渋沢男爵支那漫遊中の演説及談話の概要」一九一六年五月号）と述べていた。孔孟の教えが消えてしまったかに認識できる中国に対し、日本が忠恕の道、王道を実践すれば、必ず理解してもらえる、と頑なに信ずるのであった。

しかし、一九一九年には五・四運動が起こり、排日の動きが飛躍的に拡大・高揚するなど、日中関係はますます緊張の度を増していく。しかし、翌二〇年夏の中国北部で起こった旱魃飢饉の被害に対し、渋沢は率先して義捐金集めなど人道的支援を行なうことによって、日中関係の改善に努めようと奮迅した。

一九二一年六月、日華実業協会は渋沢の主導の下で、総会を開き、日中関係改善のための建白書を、首相原敬・外相内田康哉・陸相山梨半造などに送ることを申し合わせた。渋沢は、この時、「支那関係の事業に従うものの、最も希望する処は、同国政界安定の一事にこれあり候。……しかるに従来我が国の対支方針は終始一貫せず、列国環視の裡《うち》に我が外交政策の不統一を暴露せるの憾《うらみ》あり。ために帝国の威信を失墜し、隣邦官民の疑惑と軽侮とを招き、はなはだしきは我が国が領土的野心を有し、侵略主義を取るものの如く誤解せしむるに至りたるは、実に遺憾至極の義に候。……本協会員等が、多年実際の経験に由りて得たる断案に依れば、対支政策の根本義は支那自身のことは支那人自らをして処理せしむるに在り。しこうして我が国は常に支那の友邦として、終始一貫渝《かわ》らざる関係を維持するをもって要諦とす。すなわち、支那朝野の正当なる希望は、日本は多少の犠牲を忍ぶも、進んでこれを援助するを要す。……本協会は……支那国民に対し進んで誠意を披瀝し、その諒解を求むるの途に出て、あらゆる支障を排し、もってその徹底を企図するものにこれあり候。ついては、政府当局者においてもその意を諒とせられ、この際我が対支方針を確立し、外交の統一を期せられんことを冀望《きぼう》に禁えず候」と述べた。

その上で、日華実業協会が速やかな実行を懇望するものとして、㈠山東鉄道を両国民合弁事業とし、鉄道守備隊は速やかに引き揚げること、㈡革命の騒乱に乗じ派遣され、そのままになっている駐屯軍も国交上に好ましくなく、また有事の際に、在留邦人保護の目的を達することも難しいので、速やかに撤退させることが得策と信じる、の二つを挙げた（以上、「日支親善方策の建白」『中外商業新報』一九二一年六月二一日付）。

この発言から、渋沢が主導した日華実業協会は実業家の立場を前面に出し、軍事的な「侵略主義を取るもの」と一線を画し、両国共存の道を探ろうとしていたことが伺える。その実現のため、渋沢が対中国のみならず、各方面の人的ネットワークには相当な力を割いていたことは、これまでも示したとおりである。

「東洋盟主論」と対米協調

渋沢は、日露戦争中に、「我が国は地理上より言うも、また従来の関係上より言うも、東洋の盟主となり、清韓の富源を拓き、清韓の文明を扶翼せざるべからざれば、決して今日の京釜鉄道や京義鉄道、長江筋の航行をもって満足すべきにあらず。特に戦後においては、欧州列国の東洋に着眼して商権拡張に努むべきは一層盛大なるべきをもって、我国においてもただにこれと比肩して、利権を争うに止まらず。さらに進みては嶄然《ざんぜん》一頭地を抽《ひい》づるの覚悟なかるべからざるにおいてをや」（「我経済界の二大急務」『銀行通信録』一九〇五年一月号）と述べ、日本が「東洋の盟主」として中国・韓国を指導すべき旨を語っていた（李廷江「渋沢栄一と近代中国」）。

第一次世界大戦期に渋沢が述べた「対支策私見」からも、その「東洋盟主論」を改めて確認しておこう。曰く「まず門戸開放、機会均等、領土保全を根本方針とし、東洋の盟主たる日本の地位と日支両国の歴史的地勢的関係とに鑑み、あくまで善隣の誼を厚くし、これが指導啓発の任を愆《あやま》らず、彼我の経済的提携を目的として進んだらばよかろう」。そのため、「軍人側もしくは一部支那浪人間に懐抱さるる急激なる意見には絶対に賛成する事は出来ぬ」と述べ、「領土的野心」を持つ人たちを牽制する。そして「日支合弁、もしくは日本のみにて特殊の経営をなさんと試みたれども、今後は外国――ことに資本国たる米国と結び、日米協調の歩調をもって、大に支那の富源を開拓せねばと思う」と、日米の共同で、中国の経済開発に臨むべきことを主張するのであった（渋沢「対支政策に就て」『国民時報』一九一七年七月号）。

この発言だけを見ると、渋沢は軍事的冒険主義を批判し、相互貿易で富むことを目指す平和主義者と位置づけられそうである。しかしながら、同じ講演の中で「我国の優越権と東亜盟主権との体面を侵害せられざる限り、軽挙妄動を慎まなければならぬ」という前提を示している点は看過できない。つまりその「東亜盟主」たる日本の「体面」なるものは、きわめて抽象的で感情に流される危険性を大いに持つ存在である。渋沢死後のことであるが、日中戦争を正当化するために使われた「暴支膺懲」論的言説（中国側に責任があり、日本は仕方なく懲《こ》らしめるための行動を起こしたという議論）にも繋がっていく発想であろう。

つまり、一九一七年に渋沢が示した「対支政策」は、米国との協調を取りつつ、相互の経済協力で利益を挙げていこうとする点では現実的な提言であったが、一方で戦争の正当化に転化しうる文言が陥穽として含まれていたことも押さえておく必要もあるだろう。

日中貿易への意欲

一九二一年六月、八一歳になった渋沢は、日中関係の改善に向け、実業協会会長職をただの名誉職にしない気概を見せた。

「日支両国間の親善は事実において出来ていない。……不完全である。自分は老人で英米や外国の問題等については解りもしないが、またその資格がない。ことに若い時には外国人を嫌う攘夷主義者であった。けれども身を漢籍に置いていたために、支那に対する理解は多少自信があると思う。……今頃の西洋カブレの人には笑われるかも知れないが、支那の学問には崇敬の念を持っている。実に現在の支那には同情の念に堪えぬ。自分は現に日華実業協会の会長を勤めている。渋沢老いたりといえども、日支親善には微力を尽くしたいと常に忘れた事がない。実際日本の実業界も政治上においても支那に対しては、ヤリ方が悪かったがため、親善ができない。もちろん支那人のヤリ方も満足はできない。一々挙げれば相当非難の点もあるけれども、日本と支那との現今における国情・文化の程度はだいぶ差異がある。日本及日本人は常に彼らに対し同情の念をもって臨まなければならぬ。孔子が言った『恕』の一字が最も大切である」（渋沢「日支親善の要諦」『帝国新報』一九二一年六月二八日付）。

さらに日華実業協会第二回総会（一九二二年六月）での、議長渋沢の発言にも注目しておく必要があろう。

「日支間の国交を完全に維持するには、どうしても駐屯軍が居るということは国交上不利益であろうという観念から、色々評議の上、その筋に撤廃をなすったらよかろうという意見を一昨年〔二〇年〕の九月に建議を致しました。……速やかに採納は得ませぬようでしたけれども、結局吾々の意見が適当であったものと見えまして、追追に実行されるに至りました」（「日華実業協会第二回総会議事速記録」『伝記資料』第五五巻）。

先に見た二一年六月提出の建白書と同様に、日本軍の「駐屯」について、繰り返し批判的立場を取っていたことが分かる。

日本による「恩威」の使い分けという不健全な状態に、現実の日中関係が置かれている点を、渋沢が嘆いていたことも加えておこう。「明治以後の日支の政治関係に見ても、社交上または実業界においても、ただに恩威の力をもってやって来ているのであります。砕いて申せば、威は鞭であって恩は豆である。また威は棍棒で恩は弗とも言える。腕力を用いて擲ったり、黄金をもって懐柔しようと言うが如き精神で、いかにして真実なる交際が出来ましょうか」云々（渋沢「日支親善と新聞の使命」『竜門雑誌』一九二二年七月号）。

一九二二年八月二一日には、中国南通の実業家・張謇が、章亮元・張同寿・陳儀を特使とし、渋沢をはじめとする日本の紡績業者に事業資金の融通協力を求めてきた。

しかしながら、後、張謇側から借款の必要がなくなったという連絡があり、渋沢は「ご提案は促進の必要これ無き儀と相なり候えども、貴国との親善は最必要の義にこれあり、親善増進には両国の経済提携肝要と存じ候。しこうして経済提携は忠恕相愛を基礎となさざるべからずと確信つかまつり候」との返書を送っている。

その後、格別の関係を深めないうちに、一九二六年張謇が急死してしまう。その訃報を聞いた渋沢は「中日実業、東亜興業等着々仕事を進めてはいるが、なかなかは要領を得ない状態にあるので、張謇氏との提携事業を実行しておったなら、うまく行ったのではなかったかと思い、遺憾の念が一層深い訳である」（以上、渋沢「三知人の訃音に接して」『竜門雑誌』一九二六年九月号）と、遺憾の意を示すことになる。辛亥革命期の立憲派政治家であり、中華民国の有力者な実業家であった張謇に対する渋沢の期待は大きかったのである。

中華民国実業団の思惑と日本側とのズレ

一九二六年五〜六月には、上海総商会会長・虞洽卿を団長とする中華民国実業団が来日している。虞は寧波の出身の民族資本家で、国民革命軍を率いる蔣介石を経済的に支援する上海実業界の大物であった。ほかの同行者も上海・南京・北京・天津・東北地区の有力実業家五八名から成る実業団であった。

日華実業協会主催による歓迎会などが開かれたが、その席で渋沢は会長として、経済提携、道徳経済合一論を説いた。一方の虞団長は「不平等条件《ママ》の存する以上は、とうてい民国と他国との円満なる提携発展を期することはできぬ。……日本の実業家が日支親善経済提携をせんとすれば、まずこの不平等条約の撤廃に努力してもらいたい」（『東京朝日新聞』同年六月六日）と力説したが、渋沢と児玉謙次は「政治外交上の問題は、今日ここに集っている経済関係の人々によって解決できるものではない。我々経済関係のものにおいては、経済上の問題について協議したい」と弁明をした。それでもなお民国側は「元来政治と経済とは密接不離のものであって、政治を除外して経済を論ずることはできぬ」（『中外商業新報』同年六月九日）と主張し、両者の意見は最後まで噛み合わなかったという。

二一カ条要求に関わる政治問題の解決と経済交流を関連づけようとする中国側と、それらを切り離して考えようとする日本側には、相当大きな溝が横たわっていた。この問題が、日中関係最大の桎梏になっていたことを改めて知らされるのである。

「日華関係甦生の大義（日華経済道徳合一論）」の主張

渋沢は日中の経済的結びつきについてだけでなく、両国の文化的関係性を強く訴える講演も行なっている。

「日本の文化も民国から受け得たところがはなはだ多いのであります。ゆえに本当に胸襟を開いて今申した道理に基いた交わりをなして行くならば、この両国は相争うとか、不快を抱くとかの生ずべき筈はないと思います。しかるにも拘らず民国において、しばしば排日運動が起り、また日本の側でも民国を嫌うというようなことがままあるのは、誠に不本意千万でありま す。これは心ある人は是非力を入れて改革をし、完全な国交に引直すように努めなくてはならんと信じます」。

このような文化的歴史的関係を述べた渋沢は、一九二六年に逝去した張謇が渋沢宛書簡で、「双方の国情が多数の人に了解されるようになるということが必要である。ところがこれは両国の間には大抵できていると思う。細かい所まではどうか知らぬが大体よく知り合っておると思う。しかし、それだけではこの両国のいわゆる膠漆《こうしつ》も啻《ただ》ならずという如き堅い結合ということができまい。……地方地方において中心に立つべき人がしっくりと合う所があって、ここに初めて本当の親睦というものが堅くなる」と述べていたことを至言として紹介している。こうして日中実業界の代表者たちが真の友好を結ぶことの必要を訴える渋沢は、講演の最後を「親善期して待つべしであると信ずる。私の生きて居るうちは難しいか知らぬけれども、たとえ如何に老衰してもこの希望をばやはり捨てずに地下にはいりたい」という悲痛なまでの叫びで結んでいる（以上、渋沢「日華関係甦生の大義（日華経済道徳合一論）」『支那時報』一九二六年一〇月号）。

蔣介石との対面

一九二七年九月には、来日した蔣介石との面会も果たしている。彼が来日した表向きの理由は、神戸・有馬温泉滞在中の宋美齢の母親に、美齢との結婚を認めてもらうためであったとされるが、政界財界関係者は、蔣を東京に招く計画を練り、蔣もそれを受けた。

対中国政策に穏健的であった民政党若槻内閣が四月に政権交替し、強硬派の政友会田中義一内閣が成立していた時であったが、東京に着いた蒋は、田中首相、犬養毅、頭山満、渋沢栄一らとの面会を果たしている。蒋が日本当局者に望んだのは、日本が北方軍閥を支援しないことと、蒋が目指す国民革命への非干渉であった。

一〇月二六日には、飛鳥山の渋沢邸を訪問している。そこで、故孫文の話題や、現在の日中関係等について意見交換をしたが、渋沢は、特に中国の経済的発展が焦眉の課題であることを説き、一方、蒋介石は、国民革命の完成が必要である旨を述べた。またこの会談では、しばしば孔子・論語が話題となり、渋沢は今、孔子の「恕」の意味の大切さ、そして「己の欲せざるところ、人に施すことなかれ」が両国の平和を保証するものであると述べると、蒋介石は「ただ今の論語のお話は深く肝に銘じて忘れません」と答えたという（「蒋介石氏来訪」『竜門雑誌』一九二七年一一月号）。

一一月四日には、渋沢主宰で、日華実業協会関係者との会食会がもたれている。まず、白岩竜平が「渋沢子爵は、孫中山《〔孫文〕》先生と他人に判らぬ深い交りをしておられました。ゆえに蒋さんとはまるで、親子のごとくであると申してよろしい」と発言すると、蒋も「親のごとくにさえ感じております」と応えるなどなごやかな会話もあった後、渋沢がこう語る。

私は「民国に対しては常に強い観念を持って、そのよい方向へ進むようにありたいと希っているのであります。それは、私が自分の主義を孔子の教えに置き、民国は日本の師匠の国であるとしているからであります。しかるに最近……貴国では日貨排斥をやる、日本でもまた貴国の仕事の妨害をするという風がありまして、親しくせねばならぬ両者が、事実においてそうでないのを遺憾と致します」。

これを受けた蒋は「日貨排斥運動」についてこう述べた。

「一つには日本の政府が支那の軍閥を援助するから、この勢いを強めるのでありまして、国民は軍閥に対して反感を持っておるので、それを援けることを中止せしめようとするために、かかる行動をとるのであります。そして日本の政府と同様に実業家も軍閥を援け、ある種の野心を行おうとしているだろうと想像して、日貨排斥を行うのであります。……いわば根本的な軍閥援助を止せばよいのであります。……革命に奔走している智識のある者と共に、東亜のため事を計ってやるというお考えになって頂きたいのであります。現在の如く、知識はなくても力のある者、金のある者を援助するようでは、何時まで経っても支那の統一は出来ません。日本は統一出来る者を援助する必要があるのであります」。

同席していた添田寿一は、「日本の国論は単に政府のみではありません。否、むしろ政府の考えと国民全般の考えとは一致しないこともあるかと思われる。そこで、真に日本の国論を知ろうとなさるならば、渋沢子爵の御意見を聞かれるにしくはありません。実に子爵は日本国民の真の代表者なのであります。しかもその人は政治にも政党にも超越して、ひたすら日米問題、日支関係について、心配されているのでありますから、子爵のお考えは即ち日本国民の意見であるとしてよろしいと存じます」と述べ、蒋介石の考えを、渋沢と「日本国民」が支持していることを示唆した。

一方、白岩も「オネスト・リーダーは蒋氏であると、私個人としては申したいのでありまして、北方ではとうてい統一は困難でありましょう。しかし南方にしても、内紛を続けておる現状では希望を繋ぐに足りません。したがって蒋さんの努力を望むのであります」と期待をかけた。

蒋介石自身も「実際支那はこれまで安定を欠いておりました。ゆえに是非とも御言葉のように、統一あらしめるべく一時も早く国民革命を遂行したいのであります。それについては日本の政府の方針が、従来の如く誤ったものであっては困ります……具体的に言えば張作霖を助けることなどはそれでありますす」と応えたという（「支那人往復(二)」『伝記資料』第三九巻）。

蒋介石による渋沢追懐

渋沢が世を去って、六年余り経った一九三七年三月一六日、日本財界使節団が訪中し、「中国国民政府行政委員長」に就いていた蒋介石に面会した。その時に、蒋が次のような歓迎の辞を述べている。

「今日は日本経済考察団の歓迎ではあるが、自分にとってそんな形式的なものでなく、日本における自分の大先輩、昔からの知己なる皆さんにお目にかかったので、心から嬉しく思っている。ちょうど一〇年前自分は日本を訪問し、張群とともに渋沢老子爵にお目にかかった。その時渋沢さんは自分に論語を渡され、この本を勉強するようにといわれ、論語の中の『己の欲せざるところこれを人に施すことなかれ』の一節を引いて、『これは友人の間のみでなく広く国際関係にも適切なる金言であるから、日支両国間もこの金言を基礎として結合して行かねばならぬ。我々も常にこの金言を服膺しているが、この論語の言葉によって両国の調和を図るようにして欲しい』と言われた。自分は今でもその時渋沢さんから頂戴した論語の本を書斎に置いて、その言葉に背かないことを願っているが、この日支両国にとって大事な存在だった老子爵も今はない」。

そして、蔣は、渋沢のために三分間の黙祷をするよう命じた後、「日支間には今後もなおいろいろ問題が起こるだろうが、児玉さん〔横浜正金銀行頭取児玉謙次団長〕もこの論語に本づいて両国間の調和を考えていただきたい。自分もその通りやって行くつもりである」とまとめた。この蔣介石の挨拶に、団長の児玉はこう返礼したという。「私は論語読みの論語知らずで、至らぬことばかりであるが、当時渋沢さんと共に日華実業協会を創設して、渋沢さんの考に基いて及ばずながら日支両国の提携調和ということに努めて来たので、蔣氏の御挨拶はしみじみ我々の胸を打つものがある。渋沢さんのいわれた論語の言葉は我々も決して忘れてはいない。我々ももちろん、蔣院長におかれても、この上日支両国の親善のため努められたい」云々（以上、『朝日新聞』一九三七年三月一七日付）。

日本の軍事的侵攻への批判が高まりつつあった時期に、友好親善へ軌道を戻すため、すでにいない渋沢の言葉が甦生したのである。しかしながら、歴史は逆方向へ、この四カ月余り後に、引き返すことのできない日中全面戦争へと向かっていくのである。

渋沢栄一が日本の外交政策を左右するまでの決定的影響力を持つことはできなかったことは確かである。しかしながら、対米民間外交や日中経済交流など、渋沢なりの理想を実現するための交渉を、自身のネットワークを通じて試み続けた。対中国関係においても、その力は十二分に注がれたのである。

第7章　道徳思想の鼓吹——渋沢栄一の「論語と算盤」論——

1　「商業道徳」論の批判と構築と

商業活動への偏見的視線とその克服

第4章で、渋沢栄一が商業教育整備などを通じ、商業者の地位向上に努めてきたことを見た。とりわけ商業者が道徳に裏打ちされた活動をすることで、社会的認知を得ようとしてきたのだが、それを説明する際に、渋沢は「論語と算盤」という比喩をしばしば用いた。また晩年の蔣介石とのやりとりでも「論語」に特別な意味が込められようとしていた。最終章ではこの議論について触れていきたい。

まず渋沢の「商工業者（道徳）」論を確認しておこう。一八九七年の講演「商工業者の志操」（『竜門雑誌』同年一〇月号）では、商工業者に必要な態度について、こう述べている。

「とかく世間では、商売人は私の利益のみに拘泥すると言うてこれを嫌います。……そうでなく各自が利益を営むと言うその私利と公益と言うものとは、私は決して別なものではないと思う。……ある事業を行って得た私の利益と言うものは、すなわち公の利益にもなり、公に利益な事を行えばまたそれが一家の利益にもなり、子孫の計を為す訳にもなる」。

つまり、商業者は私利に拘泥せず、公益に貢献するよう臨むことが望ましいと、渋沢は主張するのだ。それは、江戸時代以来の商人蔑視観を一掃するための方途であったのだが、こうした議論を展開するときには、西洋の事例もしばしば引用した。

「アリストートルはすべての商業は罪悪なりと言いなせしが、もし国民挙げてこの哲学者の口吻を学ばんか。国家はいかにして国際競争場裡に立つことを得べきか」（「至公至誠の精神」『竜門雑誌』一九一〇年九月号）。「セーキスピーアの書いた『ヴェニスの商人』という芝居にも、シャイロックという強欲非道の銀行家が、もし金を返さなければその代わりに肉を切ると言っている。……この道理節義に頓着しなくてもよいという観念」が残っているのは問題である（渋沢「日本の商業道徳」『青淵百話』一九一二年）云々。渋沢の立場から見れば、アリストテレスは国際競争をすべき国家（国民）の役割を無視する人物として、批判の対象になるのだ。

確かに、ギリシャ文明からシェークスピアの時代に至るまで、商人が批判されることは多かった。しかし、近代西欧社会は商業活動肯定に転じた。ところが、日本でそれが蔑視され続けるのはなぜか。渋沢は、その回答の一つを江戸時代の朱子学的教学に求める。「日本でもその以前は儒教に依って経済と道徳とが密接であったが、徳川時代になってから宋末の学説である朱子学が伝わり、それが盛んとなって、かの林羅山などという学者が幕府に重く用いられたため、農工商のごとき利殖を行うことを非常に卑んで、道を説くことを尊び、その間に非常な貴賎の別があるように考えられて、遂に明治を迎えたのである」（「経済と道徳の合一」『竜門雑誌』一九二四年一月号）。

封建道徳一般が商業発展を阻害したという認識も可能なはずだが、渋沢は朱子学が根源的な抑圧者であったと断ずるのであった。

「商業道徳」という呼称への疑問

近代日本社会が商業などの実践活動に対し、「実業」という概念を与えようとしたことについても批判をしている。「実業と言う文字ははなはだ怪しからぬ文字である。これは二三〔一八九〇〕年頃から生れて来た文字で、実業――これに反対したら何と言いますか。不実業と言うこともある訳がない。虚業と言うこともない」、「実業と言う字の定義をどうかして定めたいと思うのですが、はなはだ苦しい。もしすべて事に実際に当るから実業と言うか。とすれば御役人様だと言うて、まさか雲の上に座っていると言う訳でもない。我々と同様に椅子に腰を掛けて卓子を前にして時々算盤を使う。そうすると銀行の頭取とちっとも違いはしない」(渋沢「講話」『竜門雑誌』一八九六年四月号)。

商業者の地位向上を図ろうとする渋沢は、さらに「商業道徳」なる言葉にも噛み付き、「余が不快に感ずるのは商業道徳という名称である。おもうに道徳とは等しくこれ人類の則るべき道徳である。しかるに商業に対してのみ、商業道徳の名称を附したるは、いかなる理由であらうか」との疑問を投げかける。ここで渋沢が言わんとするところは、「殖利を完全にやって行くには、ぜひとも道徳の必要を感ずることとなる。しかるにこの意味を取違えて、富と道徳とは一緒にすべからざるもののごとくして仕舞ったとは、何たる早計、何たる誤解であろう」(渋沢「日本の商業道徳」『青淵百話』一九一二年)という点にあった。

別の論考でも、商業にだけ道徳を求める不当性を力説している。「商業道徳なる語は果して何の意であるか。商業だけの道徳というものがあるべき筈がない。これおそらく商業家はある点では普通人のあえてせざる不道徳をするものであろう、と商人の人格を蔑視する旧来の誤謬より出でたるものと信ずる。もし特殊なる商業道徳がありとすれば、政治道徳、学者道徳、教育道徳等もなければならぬ。あにかくの如きことがあらうか」(「実業道徳の急務」『竜門雑誌』一九一二年一〇月号)。

「実業」という呼称をあえて与えることにより、「商業」を特殊な範疇に籠めようとする意識の否定、また「商人」を蔑視する偏見の払拭を繰り返し説く渋沢であった。「御役人様は実業をしていないのか」という挑発は、自分がかつて在籍していた官僚界への最大級の皮肉であったろう。

日露戦後の「商業立国論」

一九〇七年大倉商業学校の卒業式で、渋沢は「商業は国旗の光りによって進んで行くとは政治家の言葉であるけれども、国旗の光りによって商業が進んで行くと言うのは、政治家の我儘言葉と言いたい。そうではない。国旗の光彩は商工業の活動によるものである。自他を反対に解釈したと私は思うのであります」との演説を行なっている（「大倉商業学校卒業式の講話」『竜門雑誌』同年六月号）。日露戦後に至り、国家を支えているのは、商工業である、と断言する渋沢であった。

この卒業祝賀演説と同じ一九〇七年に、山路愛山が、渋沢などの「金持」が政治家に有する影響力について、「金持は主人にして、政治家は従者たるの時代、既に近づきたるを知るなり。否《しか》らざれば、温厚の君子、青淵〔渋沢〕先生にして、その鼻息の荒きこと、何ぞここに至るべけんや」と論じていたのを第４章４節で見た。確かに、大倉商業学校での渋沢の演説は、「鼻息が荒い。もう少し丁寧に言い換えれば、矜持に満ちた発言をしていた。そしてそれは、単に「我儘言葉」を吐く政治家よりも偉くなったということではなく、商業家が「国家」貢献する側面が大きくなったこと、今後も一層貢献すべきことを強くアピールしているのである。

山路愛山が時代意識を的確に掬いあげたように、官僚と商業者（実業家）の力が拮抗してくるのは、日露戦後社会であった。政治史に即すれば、官僚を背景にする桂太郎内閣と実業家などが支持する政党を背景にする西園寺公望内閣が、政権交代を繰り返す時代の転換期が日露戦後であった。それゆえ愛山は「鼻息荒」い商工業者の活動を高く見積もったのであろう。

しかしながら、商工業者が社会の中核に確実に食い込んだ第一次世界大戦期以降は、そこまでの働きかけは不要になってくる。一九二〇年に、渋沢はこう語っている。「いかなる事業でも国家という観念の下に画策された事業でなければ、真に事業としての価値もなければ、また存在も許すべからざるものであるから、私はこの両者の間に軒輊《けんち》〔優劣〕を設けて区別することはそもそも好ましくない。……国家が保護するからそれは国家的事業で、何ら国家の厄介をこうむらないから私利のみに馳《はし》っていいという事は、決してあり得べきことではない」云々（渋沢「国家事業と個人事業」『竜門雑誌』同年二月号）。

ここに至り、渋沢は「国家的事業」を基本とし、そこから逸脱し「私利」に走ろうとする個人事業を牽制しようとする地点に立ったのである。そして、自身が国家観念に基づいた公利公益の追求を生涯において実践してきたと、誇りを持って語り続けていくのだ。

「自分は常に事業の経営に任じては、その仕事が国家に必要であって、また道理に合するようにしてゆきたいと心掛けてきた。たとえその仕事が微々たるものであろうとも、自分の利益は極めて小額であるとしても、国家必要の業を合理的に経営すれば、心は常に楽んで事に任ぜられる」。

「余が事業上の見解としては、一個人に利益ある仕事よりも、多数社会を益してゆくものでなければならぬということを常に心としていた」。

「余は国家多数のために富を致す方法を講じなければ駄目であるとの意見を抱き、明治六（一八七三）年以来専ら銀行業に身を委ねてから、この心は終始一貫して今日までかわる所が無かった積りである」（以上、「商売は明るく正しくあれ」『竜門雑誌』一九二九年一月号）。

2　「論語と算盤」論

銀行経営と論語

一九一七年に渋沢は、銀行経営と論語の関係についてこう語った。「論語は銀行者必読の書だと言い得るように自身は感じまして、第一銀行の行員にも論語を読みなさいと言うことを常に申したのでございます。……銀行取引に論語のことを一から十まで引当てると言うことは出来ませぬけれども、学而時習之。不亦説乎。有朋自遠方来。不亦楽乎。人不知而不慍。不亦君子乎。これは、銀行者に当てはめることが出来るだろうと思う。銀行事業を学んで、それを日々練習して行くと言うことは、銀行業としては、悦ばしい訳である。取引が段々広くなって朋有り遠方より来る、楽しいに相違ない。これは開巻第一の重要なる箇条であるが、この三つの箇条ですら、これを引当て、銀行業体が立派に出来て行くと思う」（渋沢「論語談」『青淵先生演説速記集』同年六月）。一九二二年一二月に開かれた「第一銀行論語講義会」でも、「私はこの際、論語を講ずるのはあるいは時勢に懸隔の観はあるが、さらに考一考すると、現在破産に瀕する銀行などももしも論語に依って、その業務を経営したならば、たとえ盛大に至らずとも穏健に持続し得るであろう」と、少々強引な解釈も含め、その効用を語っている（渋沢「第一銀行に於ける論語の開講に就て」『伝記資料』別巻第五）。

『論語』には、紀元前六世紀を生きた孔子が看取し、弟子たちに語った人間関係のルール、規範や倫理が確かに含まれている。しかし、二〇世紀の銀行経営哲学、さらには商業活動の哲学がすべてそこに含まれているわけではもちろんない。それは、渋沢自身も自戒的に、「一から十まで引当てるものではない」、「懸隔の観はある」と述べている通りである。にもかかわらず、明治末期以降、渋沢はそれを「論語と算盤」論として積極的に喧伝していくことになる。

「論語と算盤」論へのお墨付

渋沢が「論語と算盤」論に確信を持つようになっていくのは、漢学者・三島中洲との面識を得てからであり、それはまさしく明治末期であった。

「余〔渋沢〕の知人に福島甲子三という人あり。……明治四一〔一九〇八〕年余が古稀七〇の賀を致した際に、福島氏は三巻の書画帖を贈って下された。当代に名ある方々が色紙にお書き下された書画を纏めた帖である。徳川慶喜公が題辞をお書き下されてある。この画帖の中に洋画家の小山正太郎氏が銀泥の色紙に画かれた絵が一枚入っておる。その図取りが実に面白いもので、朱鞘の刀とシルクハットと算盤と論語との四つをうまく配合してかいてあるのである。朱鞘の刀は余が少年の時撃剣を稽古して、武士道の心得あるを表わし、シルクハットは余が紳士の体面を重んじて、世に立つ心あるを表わしたものらしく思われ、論語と算盤は、余が商売上の基礎を論語の上に置く信念を表わし下されたものである。この画には『論語を礎として商事を営み、算盤を執りて士道を説く、非常の事、非常の功』という句を書き加えられてある。

余はこの図を拝見し、非常に面白く感じたので、その後、当時の東宮侍講であらせられた三島中洲先生が拙宅をお訪ね下された時に、これをご覧に入れると、先生もかつて義利合一論を起草になったことがあるというので、小山氏の画を見られてから、特に余のために論語算盤説の一文をご起草になり、ご自身で拙宅までお持ちになって、余にお贈り下された。

余は中洲先生のこのご好意を、非常にありがたく感じてご寄贈の一文は装潢して、珍蔵しているが、先生のお説は、余が平生胸中に懐く経済道徳説を、経書によって確乎たる根拠のあるものにして下されたもので、余の論語算盤は、これによって一層光彩を添えたような気がするのである。その文中『画師よく男（余当時男爵なりき）を知る。しかれどもこれ一を知って未

「論語と算盤」の図（小山正太郎画）

だその二を知らざるなり。何となれば云々、算盤と論語と一にして二ならず。男かつて余（中洲先生）に語って曰く〝世人論語算盤を分って二となす。これ経済の振わざる所以なり〟と。今画師これを二とす。深く男を知る者にあらざるなり』という一節あり。先生の経済道徳観至れり尽くせりというべし」（渋沢『論語講義』巻の二、里仁第四、一九二五年）。

つまり、一九〇八年ころ画家・小山正太郎の書いた絵を見た三島中洲が、渋沢の「経済道徳説」を「論語算盤」論と位置づけたというのだ。

別の回顧では、三島が「その絵を見られて甚だおもしろい。私は論語読みの方だ。おまえは算盤を攻究している人で、その算盤を持つ人がかくのごとき本を充分に論ずる以上は、自分もまた論語読みだが、算盤を大いに講究せねばならぬから、おまえとともに論語と算盤をなるべく密着するように努めよと言われた」云々という遣り取りが一九一〇年一月にあったとされる（『伝記資料』五七巻）。

渋沢栄一が『論語と算盤』という表題の書物を発刊するのは、一九一六年九月のことであったが、渋沢が、「論語算盤」論という語り方を積極的に鼓吹しはじめたのは、実業界の第一線を退いた一九一〇年前後からであることは記憶されるべき事項であろう。明治初年から、この表現でもって一貫して説き続けていたわけではないのである。

『論語講義』の出版

一九一一年から、渋沢は東京帝大教授・宇野哲人を個人講師として、月に一・二回、『論語』についての講義を受け始めた。これは一七年まで続き、同年からは『孟子』にテキストを変え、一九二三年の関東大震災により停止するまで続けられた（宇野「論語会のことども」『青淵回顧録』、『伝記資料』第五七巻所収）。

宇野の講義により『論語』理解が深まったためか、渋沢は一九二五年に『論語講義』なる論語解釈書を発刊している。その中で、渋沢はたとえば「里仁篇」の「富と貴きとは是れ人の欲する所なり。その道を以てこれを得ざれば、処《お》らざるなり。貧しきと賤しきとは是れ人の悪む所なり。その道を以てこれを得ざれば、去らざるなり（第5章）」、「君子は義に喩《さと》り、小人は利に喩る（第

16章)」などの文言を好んで重視した。つまり、利や富の蓄積は、道理や仁義道徳にしたがって行なう必要があること、仁義道徳と生産殖利は両立するので、義利両全、道徳経済合一でなければならないことを強調したのだ。

また、次のような解釈も同書で披露している。

「従来学者間において、往々本章の『人』を悪人の意に解釈しさり、富と貴きとは悪人の欲求する所であって、これを獲得するには道ならぬ方便を以てするを要するが故に、君子は富と貴きとに近寄らず。もし富と貴きとが外より舞い込んできてもこれを避くべきであるかのごとくに心得る輩少なからず。これ実に言われなき僻見である。孔子のご趣意はただ道を以てせず、無理非道を敢えてして獲得したる富貴が悪というだけのことである」(『里仁篇』第5章)。

「徒らに私利に汲々たる者は、みな目前の小利に眩惑して、後患の至るを知らざる者なり。……利は人の性情なれば、利を謀るは当然のことなれども、自己のみに偏せず、公利を害せぬように心掛け、道理に照らし義に従いて事を行えば他より怨まるるはずなし。例えば銀行は世の中の資本を吸収して、担保をとりその金を貸し付けて人の便利を謀るを職業とす。しかるに借主がもし期限に至り元利金を返済せぬ時には、その担保物を処分せねばならぬ。これを処分すれば借主は困るに相違ないが、これを処分せねば銀行自身を亡ぼしてしまう。処分したとて、借主の違約即ち不義に基づく自業自得のことなれば、銀行を怨むいわれなし。銀行の措置もまた決して義に背くことなし」(『里仁篇』第12章)。

渋沢『論語講義』の解釈は、「義利合一論」的な要素が多く盛り込まれ、現状の商業道徳を強調・強化したい渋沢の願望を吐露する側面が少なくなかったのである。

渋沢と古典籍

渋沢が父や従兄の尾高惇忠らの指導を受け、幼いころから儒学を基本とする古典籍について親しんでいたことは、第1章で見た。

「余が愛読の書はかの『古文真宝』で、あれには修身上のこともあれば哲学的のこともあり、あるいは叙景的の文もあれば風雅の文章も載せてあるから、常に好んで読んだものだが、今ではその後集の如きはほとんど暗記するまでに至っている。また修身的の書物では『論語』『孟子』等は精通的に読んだ方で、学者に負けぬつもりで今も研究している。けれどもそれ等の数書を除いては全く精読ができかねるから、やむを得ずひとわたり知って置くというくらいの読方をしている」(『青淵百話』「82　読書法」)というが、とりわけ「論語」への思いは強かった。晩年は常に『ポケット論語』を懐中に入れ、痛んで古びてきたら新しい物に取りかえて、繰り返し読んでいたとされる。

一九一〇年代以降の渋沢は、『論語』思想の実践・普及を大きな課題にし、孔子を祀る湯島聖堂の「聖堂保存会」、儒教道徳を考究する団体である「斯文会」、また孔子祭典会や陽明学会などに熱心な経済的援助を行なっている。

一九二二年一〇月には、湯島聖堂で斯文会主催の孔子没後二四〇〇年記念「孔夫子追遠記念講演会」が開かれ、副会長の渋沢は「余の観たる孔夫子」という講演を行なっている（『斯文』第四編第五号「孔夫子追遠記念号」）。さらにその会場で、従前から女婿の穂積陳重に委嘱して収集していた『論語』の各版を展示した。

渋沢のこの『論語』コレクションはきわめて貴重なものであったが、翌年の関東大震災でそのすべてが灰燼に帰してしまう。しかし、渋沢は収集を一からやり直し、一九二六年に再度の公開を果たした。最終的には、六〇〇〇冊にものぼる膨大な資料群となったこれらは、一九六三年、東京都立図書館に寄贈され、「青淵論語文庫」と名づけられ、今日の研究に寄与している。

「道徳経済合一説」

渋沢は、一九二三年六月に「道徳経済合一説」と題する講話をレコードに吹き込んでいるが、その末尾に次のような語りがあった。長くなるが引用したい。

「私は学問も浅く、能力も乏しいから、そのなすことははなはだ微少であるが、ただ仁義道徳と生産殖利とは、全く合体するものであるということを確信し、かつ事実においてもこれを証拠立て得られる様に思うのでありますが、これは決して今日になって言うのではありませぬ。

第一自分の期念が、真正の国家の隆盛を望むならば、国を富ますということを努めなければならぬ。国を富ますには科学を進めて商工業の活動に依らねばならぬ。商工業に依るには如何にしても合本組織が必要である。しこうして合本組織を以て会社を経営するには、完全にして鞏固なる道理によらねばならぬ、すでに道理によるとすれば、その標準を何に帰するか。これは孔夫子の遺訓を奉じて論語によるのほかはない。ゆえに不肖ながら私は論語を以て事業を経営して見よう。従来論語を講ずる学者が仁義道徳と生産殖利とを別物にしたのは誤謬である。必ず一緒になし得られるものである。こう心に肯定して数十年間経営しましたが、幸いに大なる過失はなかったと思うのであります。

しかるに世の中が段々と進歩するに随って、社会の事物もますます発展する。ただしそれに伴って肝要たる道徳仁義というものが共に進歩して行くかというと、残念ながら否と答えざるを得ぬ。ある場合には反対に大いに退歩したことが無きにしもあらずである。これは果して国家の慶事であろうか。およそ国家はその臣民さえ富むなれば、道徳は欠けても仁義は行われずともよいとは誰も言い得まいと思う。けだしその極度に至りては、遂に種々なる蹉跌を惹起するは知者をまたずして識るのである。しこうしてその実例は東西両洋余りに多くて枚挙するの煩に堪えぬ。

こう考えて見ますと、今日私の論語主義の道徳経済合一説も、他日世の中に普及して、社会をしてここに帰一せしむる様になるであろうと行末を期待するのであります」（竜門社編『青淵先生演説撰集』竜門雑誌第五九〇号付録、一九三七年一一月）。

国家を富ますためには「合本組織」が必要であること。その標準は「論語」によるべきこと。社会の進歩は道徳の退歩をもたらすところがあるが、そのためにこそ「道徳経済合一説」が必要なことなどを切々と語る八三歳の渋沢であった。

『論語講義』（一九二五年）でも「そもそも為政のことたる、ただに国家の上に限るにあらず、一会社の経営も一学校の管理も一家の維持もみな政事なり。道徳に基礎をおかずして施設せば、必ず世の信用を失い、たちまち行き詰りを生ずべし（「為政第二　1章」）」とし、万般にわたる道徳（論語）重視を訴えたが、それこそが晩年の渋沢が重視した活動の一つだったのである。

渋沢の「論語と算盤説」を評価する人

明治末から大正期に活躍した倫理学者・藤井健治郎（和辻哲郎の師でもあった）は、自著『国民道徳論』（一九二〇年）中で、「町人道と市民道の調和」を語り、渋沢をこのように評した。「利得の念に先だつ品位の感がなくてはならない。金銭を思う前に教養を願う心がなくてはならない。これやがて実業界の耆宿渋沢男爵が『論語と算盤』の説をせらるる所以であろう。『商人は論語等を顧みようとはせず、かえってかくの如きに従えば損失を招くといっている。けれども自分の四十年間の経験に徴すれば、これは誤謬である。右に論語、左に算盤。しかり。論語に従うて、なおかつ算盤を保つことは不可能でない』という男爵の主張には、長い、しこうして深い経験から湧き出た確信の光がほのみえる。吾人は品位ある国民生活を生きんがために、この論語と算盤、換言すれば、道徳と経済との関係を如何にすべきかについて、居常細心の考慮を払わなければならないのである。……道徳と経済との調和ということは、今後の国民生活上、真に喫緊のことである」と。

第一次世界大戦以降の「成金」が跋扈し、また労農運動が激化する時代のなか、「道徳と経済の調和」という課題は、倫理学者のみならず、社会が求める喫緊のテーマとなっていた。渋沢の著作思想が評価され、受け入れていく背景には、そうした思想状況が存在したことを知っておく必要がある。

3　「道徳」鼓吹者としての渋沢栄一

道徳教化団体への支援

近代日本が天皇制を支える道徳として儒教を取り入れていったことは周知の通りである。渋沢においても、孔子祭典会・陽明学会・斯文会などの発起や諸活動への経済的援助を惜しむことはなかった。また、関東大震災で焼失した湯島聖堂の復興にも力を尽くしている。

一九一四年五月に、中国の経済関係者に面談するため、三度目の訪中をしたことは、第6章2節で見た。しかしこの時の訪中について、「第一に山東省曲阜に孔子廟を、済南府に孟子廟を拝するにあたり……第二の目的たる中日実業公司のために両国株主の意志を疎通せしむるには充分に成功」（『時事新報』一九一四年六月二日）したと、孔子の聖地（生誕地）訪問が第一義であったかのような供述を渋沢は残しており、そこに思いの強さが窺えた。ところが、三週間あまりをかけた上海・南京・北京の経済視察等の疲労が蓄積したのか、天津で体調不全になり、結局は曲阜の孔子廟参拝を果たすことはできなかった。

さて、他の道徳修養団体との関連では、蓮沼門三が一九〇六年二月に設立した「修養団」の顧問を引き受けている。蓮沼によれば、「明治四十三〔一九一〇〕年六月、渋沢子爵が本団顧問たることをご承引下されてより以来、こんにちにいたるまで二十二年間にわたり、経営費援助のため」、顧問自身の寄付はもちろん、大倉喜八郎や服部金太郎などの実業家も渋沢の働きかけで多額の寄付をしてくれたという（『蓮沼門三全集』一二巻）。

また、修養団以外では青少年の育成にも力を注ぎ、少年団、大日本青年協会、さらには講道館などの団体にも関わっている。

漢学教育への支援

道徳思想の涵養という観点から、渋沢は漢学への関心も強く、その教育機関であった二松学舎との関係も深かった。同校の起源は、三島中洲が一八七七年に私邸に設けた漢学塾である。一九〇九年に「財団法人二松義会」という名称になったが、その翌年から、渋沢を顧問に招聘している。さらに、一九年には「財団法人二松学舎」と改称され、渋沢は理事舎長に就いた。

一九一九年逝去した設立者・三島中洲に対し、渋沢は葬儀で「二松義会も今日ではむろん中洲先生一家の会にはあらざれども、先生の篤学励行よりして今日あるに至り、ことに私に対して十分に頼むとの御遺言は、私においては死しても忘るることの出来ぬのでありますゆえに、私は将来あくまでも微力を尽くそうと思っております」との弔辞を捧げている（渋沢「故三島中洲先生の霊前に於て」『竜門雑誌』一九二〇年三月号）。

往時の二松学舎を知るOBは「舎長三島復先生は資性温厚篤実、寡黙謹厳、稀に見る人格の士でした。そして二松学舎をバック・アップした二松義会の会長青淵渋沢栄一子爵の人格円満玲瓏春風駘蕩の好々翁振りと正に良いコントラストでした。渋沢子爵は中洲先生の道徳と経済の同一論に共鳴し、口を開けば論語の道を説かれていました」とする（在学生馬越旺輔の回顧。二松学舎編『二松学舎九十年史』一九六七年）。

渋沢が一九二五年に発刊した『論議講義』は、この二松学舎出版部から刊行されている。例言には、「中古以来学問と実生活とを分離せし誤謬を正さんがために、居常経済と道徳との分離すべからざることを主張し、論語と算盤とは一にして二ならざるを反復説明す。その論旨全然我が三島中洲先生の義利合一論と一致し、孔夫子の教訓を今日の社会に当てはめて講明する実験説にして、他の詞章記誦の訓詁学と同じからず」とあり、三島との思想的関係性が、改めて強調されていた。

なお、二松学舎は、創立五〇周年記念として、専門学校設立を一九二六年に企図した。渋沢は自ら一万円を寄附したほか、広く募金を呼びかけ、その結果、一九二八年に二松学舎専門学校が開校することを得ている。こうした経緯から、現在の二松学舎大学は、渋沢を「中興の舎長」と位置づけている。

「武士道即実業道」という主張

日露戦争中の一九〇五年五月二一日、竜門社の第三四回春季総集会において、渋沢は「武士道」という題で講演をしている（『竜門雑誌』同年六月号）。

「武士道は決して武士特有のものではない。商人・実業家の間にも武士道がなければならない。特に新局面を迎えたわが国において、少壮の商人たちは大いにこの武士道の奥義を窮めなければならない。そして難事にもめげず、大いに勇気を鼓して困難の衝に当る、すべてなし難い所におのれの身体、もしくは財産を犠牲にしても、公共の利益を図るというのが武士道である」。

日露戦争が日本側の勝利に帰した後、その勝因として「武士道」を挙げる社会風潮が一部で生じてきたが、そのためか、渋沢も実業家と「武士道」精神を結ぶ議論を展開する。その典型的文章を二つ引用しておこう。

「武士道の範囲を広くして、単に君父に尽すとかあるいは生命を捨てるとかいう場合にのみ限らず、すべて至誠を基として、いやしくも道理に適ったことであれば一歩も動かぬという決心を持するのを武士道と称してよろしくはないかと考えている。……されば武士道ということを単に軍人専有のものの如く解せずして、我国実業家なるものは広く武士道の意味を解し、以て今後にその身を処さねばならぬ事である」(「実業家と武士道」『弘道』一九〇七年三月号)。

さらに、別の講話では「いまや武士道は移してもってただちに実業道とするがよい。日本人はあくまで大和魂の権化たる武士道をもって立たねばならぬ。商業にまれ工業にまれ、この心をもって心とせば、戦争において日本がつねに世界の優位を占めつつあるがごとく、商工業においてもまた世界に勇を競うにいたるであろう。実業家はよろしく旧来の悪思想を一洗し去り、新時代の活舞台において、いにしえ武士が戦場に駆馳したるがごとき心がけをもって大いに世界に活躍してもらいたい。余は武士道と実業道とはどこまでも一致しなければならぬもの、また一致し得べきものである」とさえ述べている(『青淵百話』「27　武士道と実業」一九一二年)。

ところで、ここで改めて思い出しておくべき事象は、渋沢の出自が農民であったことである。確かに、縁あって一橋（徳川）慶喜の家臣となり、武士身分を得たことは間違いないが、そうした履歴を持つ渋沢が「武士道」を説くのは、率直に言って奇観である。

そもそも近代日本社会で、「武士道」が喧伝されてくるのは、日清・日露戦争期からである。特に、盛岡藩士の子息・新渡戸稲造が、一九〇〇年にアメリカで『BUSHIDO』を発刊し、同書が一九〇八年に『武士道』として邦訳されたことの影響は大きかった。渋沢が新渡戸の『武士道』をどの程度意識していたかは即断できないものの、哲学者井上哲次郎らが、社会主義思想などへ対抗するための「国民道徳論」構築を訴え、その一要素として「武士道」を「発見」し鼓吹していくのも、日露戦後社会であった。渋沢は、こうした風潮を受け、俗耳に入りやすいが、実は拙速な「武士道即実業道」のような考えを表明し、道徳的統一の一助としようとしたのだろう。

渋沢の米寿を記念して発行された『青淵回顧録』（一九二七年）に、大倉喜八郎が「士魂商才の典型的人物」という文章を寄せている。大倉は「士魂商才などと言えば、今日の新しい学問をした人達の中には、古臭い思想のように思う者もあるかもしれぬ」と述べつつも、国家的見地を持ち、信用を重んじる精神を「士魂商才」とし、渋沢をその典型と見た。日露戦争終結から二〇年、「古臭い思想」かもしれない、という前提を置きつつ、渋沢が国家意識や人と人の信頼関係を道徳的に構築しようとしたことを、大倉は評価するのだ。

なお、明治末期に実業界を退いた渋沢が「論語」を前面に出していく背景について、資本主義草創期の自由な経済活動が認められていた時期は、渋沢が出資と経営の両面に携わることも可能であったのに対し、会社制度や近代ビジネスが定着し、そうした関わりが次第に困難になってきた明治末期以降、出資者や経営者などビジネスに関わる人々のモラルを喚起していく方向に転じたという指摘がある（島田昌和『渋沢栄一の企業者活動の研究――戦前期企業システムの創出と出資者経営者の役割』）。これは、「論語算盤論」鼓吹を現実問題から説明していく一つの有力な解釈であろう。

4　「道徳」鼓吹の現実と惑い

「志士仁人」意識の表裏

一九〇一年、自らの還暦祝賀会の席で、渋沢は六〇年の人生をこう回顧している。

「少壮の時から今日まで私の心を欺かぬと思うことがある。何ぞや、即ち国家が大事である。国家は最も大切なものである。国家のためには一家も一身も惜しむに足らぬものである。このゆえに郷里を去る時も、国家に対して努力する上からは、自己一身は何かあらんと考えた。この念慮だけは私を欺かぬのである。またいかに事物に失敗しても、国家を愛し国家のために赤誠を尽すという一念に至っては、革命の思想を起した四十年の昔より、始終同一の観念を持って居った」(渋沢「講話」『竜門雑誌』一九〇一年一一月号)。

日清戦後社会におけるこのような「国家意識」の表明は、日露戦後の「武士道」精神鼓吹へと連動し、また時代を先導していく知的エリートに自らを置こうとする意識にも明確に繋がっていく。たとえば、一九一二年結成の「帰一協会」(第5章3節)をめぐって渋沢は、こう発言している。同会を創設すべき理由として、渋沢は一部の宗教者が社会秩序を乱すことを批判した上で、曰く「特に弊害の多く兆する所は、迷信を利用して愚夫愚婦を欺く妖僧悪修験者の徘徊することである。これらの陋習を見るにつけても、余は迷信ほど嫌うべく憎むべきものはないと思い、一途に怪力乱神を語らざる孔子教を守るべきものとして今日まで経過してきた」(『青淵百話』「7 統一的大宗教」)。そのため、渋沢は孔子教(儒教)を核とした「統一的大宗教」を構築しようと考えたという。また、「〔帰一協会の創立者の一人であった実業家・森村市左衛門が、渋沢に〕『貴方の説はもっともであるが、単に人道はこうだと言ったのみでは頼りない。アーメンとか南無妙法蓮華経とかを唱えて初めて信仰が固まる』と言った。しかし、私は太鼓を叩いてお題目を唱える気持ちにはどうしてもなれない。申せば志士仁人は、そんな盲目的にただ信ずると言う事は出来ないのである」との発言も残している(前掲「帰一協会の成立に就いて」〔「談話筆記」一九二八年一月〕)。

農民出身であるにもかかわらず、尊攘運動に飛び込み、武士となった渋沢は、ここに至り「志士仁人」意識を強調し、宗教に「欺」かれるような「愚夫愚婦」と自身との間に、明確な一線を引こうとする。しかも、ここでの渋沢は、エリート意識に満ちた啓蒙者を自任することに、何のてらいも見せない。かつて代官から罵倒され、悔しい思いをした農民渋沢は、五〇年余りを経た後、ある意味で民衆たちと利害反する位置に立つ。明治後期の労働争議に対し、渋沢が経営者の立場から示した「温情主義」が、民衆から遊離する面が少なくなかったのも、こうした思想が影響したのではなかろうか。

とはいえ、渋沢の場合は、高慢なエリートを演じただけなく、自分が「公益」と考えた事業に無私の貢献を幅広くし続けた。その点は、まさに余人をもって代えがたい渋沢の個性であったと言えるだろう。

国家的公益への貢献

渋沢自身が「公益」と考えた事業への無私の貢献、と書いた。しかし、幕末の尊攘運動や明治国家形成に関与した渋沢において、「公益」と「国家」が不可分のものと認識される傾向にあった点は否定できない。それは時代状況から当然の行為であったとも言える。たとえば、一九一二年の『青淵百話』「26　日本の商業道徳」節で、「現今商工業に従事する者が、その言う所は皆真誠で、行う所もまた皆正実で、しかも国家的観念を基礎として、国家を愛するの念をもって我が身を愛するのが、これすなわち国家に尽すゆえんであるとの思慮をもってやるならば、それこそ完備せる商業道徳の実行である。果してそのような域に達することを得んか。そは政治家が政治に力を尽すのも、軍人が戦場に命を捨つるのも、はたまた商工業者が営利的業務を行うのも、その働きはみな揆を一にするものと言ってよかろう」と述べていることはすでに紹介した。

さらに同書「72　独立自営」には「福沢先生の独立自尊を駁す」という節も設けられている。そこで、渋沢は「何事にも独立的精神、自営自治の心を持たなくてはならぬのは勿論である。けれども……社会国家というものを向こうに置いて、極端なる独立自営の心を持っていくのはどういうものであろうか。かかる場合から推究すると、かの福沢諭吉先生の唱えられた独立自尊というが如きは、あるいは余り主観的に過ぎておりはせぬかと思う……すなわち自己はできる限り、その智能を磨き、世に立って人の世話にならぬはもちろん、国家社会のために尽すことを主としなければならぬものだと思う」との批判を加えている。

実業界引退（一九〇九年）後の渋沢は、「論語と算盤」論等の道徳思想を積極的に鼓吹してきたのだが、一二年発行の『青淵百話』もその文脈上で理解されるべき著作である。明治末期の渋沢「公益」論は、多くの場合「国家貢献」と重ねられ、ある場合は福沢的「独立自尊」を「主観的」と斬り棄てた上で組み立てられる思想であった。その意味では「国民道徳」を涵養しようとする保守思想の一翼を確実に担っていくものであったと言えよう。

「無意義な青年期」という修養論的回顧

自らの人生について、多少の余裕をもって顧みることができるようになった一九一一年、渋沢は、雑誌『実業界』二月号に「予が痛恨の歴史とその教訓」と題する回顧を寄せ、そこで、自己の前半生を「一時の客気――十五年の損失」と位置づけ、こう語る。

「自分は十七歳の時に武士になりたいという志を立てた。というのは、当時実業家なる者は百姓町人と一途に世の中から卑下されて、ほとんど人間以下の取扱を受け、いわゆる歯牙にも懸けられぬ有様であった。……いわゆる百姓町人として一生を終るのが如何にも情なく感ぜられ、ここに武士になろうという志を立てたのである」。

「今の言葉をかりて言えば、政治家として国政に参与して見たいという所に志を立てたのであるが、これがそもそも家を捨てて四方に放浪するというような間違をしでかした動機であった。かくて大蔵省に出仕するまでの十五箇年間というものは、自分の今の立場から観れば、ほとんど無意義に空費したようなもので、今から考えても痛恨に堪えない次第である」。

「十五、六歳の頃から本当の志が立ち、初めから商工業に向って行っていたなら、漸く実業界に向った三十歳前後までには十五年の長日月があったのであるから、その間に十分商工業に関する素養を積むこともできたに相違ない。……惜しい哉、青年の客気に誤まられて、肝腎な修業時代の十五年間を全く方向違いの仕事に空費してしまったのである」。

渋沢は、「痛恨」、「無意義」という表現で、自身の「修行時代」を振り返る。しかし、実際には、その経験が、渋沢を実業家として大成させる糧になったと見る方が現実に即した理解であろう。ところが、冒険的行動によって物事を為しうる流動的要素を多分に孕んだ幕末維新期は、遠い過去のものとなっていた。一九一一年の社会は、青年に地道な「修行」や修養を求め始めた時代であった。つまり、これらの発言は、渋沢が明治末期の道徳論・修養論を促進するがために行なった作為的なものと考えられる。公共・公益事業に多くの貢献を示した渋沢の後半生の価値を高め、その根底に『論語』的思想の普及を置こうとする目論見が、ここからも看取できるように思えるのである。

最晩年の渋沢

『論語』を繰り返し説いた渋沢であったが、自身が後半生の課題に掲げた道徳思想普及を十全に果たすことができなかったことも自覚的に悔悟している。

たとえば、一九二七年には「物質文明はしきりにヨーロッパ式が取入れられたのであります。その行走りから精神方面まで西洋風に押されて、日本固有の道徳が次第に衰微するかに見えるに至りましたが、これははなはだ憂うべきであると思い、東洋道徳の維持発達に心を致しているのであります。しかし、その方は効果が思う様でないのは、遺憾の極みであります」。さらに「維新以来、経済方面の改良進歩は相当に著しいものがあると思うが、精神方面は見るべきものがないのであります。これは政治界が悪いからとか、実業界が好くないからと言うような局部的のことでなく、人類全体が精神方面における自覚が足らない為であります」（「米寿を迎えて」『竜門雑誌』一九二七年二月号）と、現状を憂えている。

その二年後、九〇歳を目前とした渋沢は「政治界、経済界をはじめ、一般社会に……聞き見るものはどこまでも面白くないことばかりである。しからばどうすればよいかと言えば、自分としては特に策がないので、いかにも意気地がなく、おのれの足らざるを深く恥づる次第である」という諦観とも取れる感慨を吐露した。さらに、「自分の理念は抽象的で道理の標準を一体的に示しえないことを遺憾とする」とした上で、「その道理は永久に悪くはならないから、行わるべき日の到ることが必然である」と自分に言い聞かせていた（「道徳主たり政治経済客たり」『竜門雑誌』一九二九年八月号）。

とはいえ、明治後期から大正期にかけ、いたずらな軍事費獲得要求に批判的立場を示していた渋沢は、昭和初期の状況に対しても同様な姿勢を堅持していた。たとえば、『時事新報』一九三一年七月九日付では、政府官僚であった明治初期に大蔵卿の大久保利通と対立し、結果として辞職した時のことを引き合いに出しつつ、「『陸軍で必要ならいくらでも国庫から出させる。財源などを言って出し渋るのは、軍備を無視した不埒な奴だ』と言うような軍部の態度が、それから六十年経った今でも、陸軍に残っていることをこの頃の軍制改革について、しみじみと感じる」とまで述べている。

この二カ月後には、満州事変が勃発するが、渋沢は軍部の強権的姿勢への批判的態度を、晩年まで貫いていたと言い得るだろう。決して「意気地ない」晩年だけを過ごしていたわけではないのだ。

5　渋沢栄一の死とその評価

渋沢の大往生

渋沢が九一歳で大往生を遂げたのは、一九三一年一一月一一日である。往時の首相若槻礼次郎は「偉大な恩人」の題名の下、『東京朝日新聞』にこのような追悼談話を寄せている。

「渋沢子の如き偉大な恩人を喪うということくらい、国家の大損失はないといっていい。しかも、子爵は常に身を論語におくといわれていた通り、ただ私益を得ればよいというやり方がなく、物事をすべて正しき道を踏んでこれを経営して行かねばならぬということを常に世の中に高調せられた。その精神の国民に及ぼしたる偉大なる貢献はこれまた言葉をもって表すことはできぬと思う。子爵は実業界におられた間から、社会的事業には最も努められ、つとに東京市の養育院長として養育院の事務を管理し、これを高調した。憐れなる不幸者の救護に努められたのは、素よりであるが、その他社会公共のために尽すべき機会をかつて失われたことなく、大きな公共事業を企てられた時に渋沢子爵が、これが指導者になっておられなかったことはほとんどないくらいである」(同月一一日付)。また、翌一二日に行なわれた葬儀については、「生前翁が愛読した論語一巻、その他愛用のすずり・筆等」が棺に納められたと報じられている(同月一三日付)。

これらから窺える渋沢栄一の逝去時の評価は、『論語』に基づいた経営や公共事業を展開した人物というイメージであり、彼の後半生の活動をある意味で、正確に反映したものであった。

逝去前後の渋沢に対する評価さまざま

しかし、『論語』にこだわった晩年の渋沢に対し、冷静な評価を与える人もいた。波多野承五郎は新聞記者や三井銀行役員などを歴任し、衆議院議員にもなった人物であるが、渋沢在世時の一九二七年、「実業界の聖者　渋沢栄一」という人物評を『実業之日本』同年七月号に掲載している。「渋沢は理想家ではない。実際家である。しかも時世の進運を認めてその先頭に立って行く事を怠らない人だ。論語は平凡な修身書である。論語を愛読している渋沢は、平凡な実際家であると私が言ったので、渋沢門下の人からひどく怒られた事があった。しかしそれを怒る人が無理である。理想家はとかく奇矯で世に容れられない。円満純正なる思想の持主であったからこそ、渋沢は明治の初年から今日まで尊敬されているのだ。……渋沢が実業界の聖者であるとまで言われ得るのは、畢竟、理想を夢見る人ではないからである」云々。
「聖者」としながらも、この論評はなかなか意味深遠なところがある。ここで渋沢を「実際家」、すなわち現実主義者と見る評価は、少なくとも実業界に入って以降の人生を顧みれば妥当なものだろう。しかし、「平凡な修身書を愛読しているからこそ尊敬を受けている」という言い方には冷徹ささえ籠められているように見える。

一方、伝記作家として知られていた伊藤痴遊の渋沢評価は辛口だった。すなわち、伊藤は渋沢の維新前までの評伝を書いていたが、危篤の新聞報道を見ながら、その壮年期について、このような感想を書き残している。「実業界に於ける代表的人物として、社会的に力を尽した事も少なからずあり、大きい問題が起れば、必ずこの人の名が出るようになっていた。大して偉い人だとは思っていないが、世間からの信頼は、却々深いものがあった。時に氏名を利用されて思い設けぬ責任を課せられた事もあるが、誰にしても、悪い人だと思った者はなかろう。……著者はかつて、三浦将軍を訪問した時、その日誌を示されたが、……その中に渋沢の事を書いてあった。『功成レバ、即チ之ヲ己ニ収メ、若《も》シ敗ルレバ、即チ罪ヲ他ニ帰ス云々』と書いてあったのを記憶している。これも渋沢に対する一つの見方で、必ずしも悪罵とのみは言えぬ」（『伊藤痴遊全集』続九、一九三一年）。

伊藤痴遊は「世間からの信頼」があったことは認めながら、渋沢に対し距離を置いていた一人であった。また三浦による渋沢への辛辣な批判は、日糖事件の箇所でも見てきたところである。

同時代における渋沢栄一評価は、幅広い分野に関わってきた人物であるゆえに様々な毀誉褒貶を伴うものであった。まず、財界のリーダーとして高く評価する評論を二つあげておこう。一つは、渋沢在世時の一九一二年に発刊された遠間平一郎『財界一百人』（中央評論社）で、「日本財界の巨擘《きょはく》　渋沢栄一」の題目の下、「新日本の代表者として、その内外に藉甚せらるる（評判が高い）ものに、伊藤公あり、大隈伯あり、福沢翁あり。しかしてここに男渋沢あるを記せざるべからず。……財界の雄たるものに到っては、独り我が商工界を代表せる男渋沢を推さざるべからず」と論じた。もう一つはすでに触れたが、土屋喬雄が『改造』に載せた追悼評伝「日本資本主義の最高指導者・渋沢栄一」である。

「財界の巨擘（首領）」、「資本主義の最高指導者」という評価は、その裏面で労働者たちへの抑圧者という像も必然的に伴う。社会主義者・山口孤剣（「家」制度批判を行ない、投獄もされた人物）は、明治末期に「渋沢栄一」論を書き（山口編『明治百傑伝』第一編、一九一一年）、渋沢と往時の実業家一般について、彼の視点から興味深い叙述をしている。

「詐偽騙瞞《さぎへんまん》、巾着《きんちゃく》切りの上前をもはねるを辞せざる今日の実業家中、先生ほどの正直の人は少なきなり。暴慢不遜、ただ金さえ儲ければ、国家社会のことはどうでもよしという、ユダヤ人的の実業家の内、先生ほど誠実な人は稀なり。先生の言、必ず忠信なりや、先生の行、必ず篤敬なりやと。顕微鏡的観察を施せば、随分ボロが出るかもしらねど、何を申すも、四辺は黒暗々の実業家なれば、周囲の色彩に配合されて白色に見ゆる渋沢男。あるいは鼠色なるかも知るべからず」。

「先生の偉き。恐して縮せざるべけんや。ただ憾《うら》む。先生が創立委員長の重職に就く時、無智朴訥なる田舎者は、実業界の元老、商界の柱石たる先生の名に眩惑し、会社の株式を申込み、高価を払ってその株を購買し、時にその会社の破綻、その銀行の瓦解に、眼玉をひっくり返して大騒ぎをなすことなり。清廉潔白、公直無私なるの先生を罪するは酷なれども、世人が企業熱に狂奔し、狡猾奸譎《こうかつかんけつ》なる虚業家が権利株の製造に熱注《（ママ）》する時、先生の如き、その潮流を遠く離れて国民を教導し、ひとえに財海《（ママ）》の針路を誤らざらしめんと力むべきに、いたずらに株屋の手先に使われて、狡漢匪徒の金儲けの神輿《みこし》たらんとす。先生の正直は感ずべきも、その痴愚は決して賞すべきにあらず」。

山口に言わせれば、「詐偽騙瞞」「黒暗々」の実業家連中と比べ、渋沢は「正直」「清廉潔白」な人物であるが、「金儲けの神輿」になっていることを自覚できていない態度は「痴愚」と言わざるを得ない、というところであった。これは、日糖事件等で噴出した渋沢批判の一端を汲み上げる議論であろう。しかし、山口が一方で述べるように、「虚業家」たちのやりくちを道徳的な行為へ導き、「財海の針路」を正そうとした点に、その効果・結果の如何は置くとして、渋沢の営為の歴史的意味があったこともまた事実であった。

明治以来の社会主義運動のリーダーに堺利彦がいた。渋沢が死した一九三一年においても、全国労農大衆党顧問として活躍していた堺は、自らが議員を務めていた東京市会が、渋沢に対する弔慰金を支出しようとすることに反対した（「堺利彦年譜」『堺利彦全集』第六巻）。

一方で、「資本主義を罪悪視するわれなれど　君が一生をたふとくおもほゆ（尊く思う）」という挽歌が『アララギ』一九三二年二月号に掲載された（屋山名五湖作、斎藤茂吉選）。この歌は資本主義に批判的な人士が渋沢の姿勢を積極的に受け止めていた証拠とすることもできる。

渋沢栄一は確かに、近代日本の「巨擘」であり「柱石」であり、その大きさゆえに統一的全貌を捉えがたく、評価も分かれがちである。しかしながら、渋沢が目指した経済や「道徳」の「理想」とそれが直面した「現実」を歴史の中で見据えていく作業には取り組んでいく必要があるだろう。本書はその試みにすぎない。

あとがき――現代社会と渋沢栄一――

二一世紀初頭の現在、経済道徳や企業倫理が混乱しているという認識の下、渋沢栄一を再評価しようという動きが一部で現れている。たとえば『朝日新聞』は、二〇〇七年二月半ばから、コラム「ニッポン人脈記」の中で、「拝啓　渋沢栄一様」という企画を一二回連載し、「あなたは日本の企業社会の基礎を築き、学校をつくり、民間外交にも尽されました。ご存命だったら、私たちの現実をどう思うでしょうか」との設定をし、渋沢の公益思想とその精神の継承者を自負する、あるいはそう認定できるような人々に取材し、現代における渋沢の意味づけを試みている。

このように、渋沢が「社会公益」や「文化」面に貢献した側面に焦点を当てた論考が近年増えている。たとえば、渋沢研究会編『公益の追求者・渋沢栄一』（山川出版社、一九九九年）などは、その代表になる。『朝日新聞』の企画も、そうした流れにあると言え、現代企業者の社会的責任や貢献を考える時に、渋沢の生涯を顧みることは有効であろう。すなわち、渋沢が近代社会に果たした役割を、狭義の経済実践だけではなく、広い社会貢献あるいは思想の問題と捉えていくことは、現代社会の諸課題に切り込むための良い素材になるだろう。

渋沢栄一を多面的に捉え直そうとする視点は、隣国・中国でも注目されつつある。すなわち、経済発展に伴う秩序混乱を、孔子などの伝統思想を再評価することで是正しようとする動きが近年伝えられるが、清末民国初期の実業家・政治家であった張謇も再評価されつつある。晩年の渋沢が「張謇氏との提携事業を実行しておったなら、うまく行ったのではなかったか」と述べていたあの張謇である。張謇と渋沢の両名を経済発展指導と社会的文化的貢献の両全を試みた人物とみなした上で検討を加える国際学術会議なども開かれており、こうした側面からの成果も今後は期待される。

研究史の上では、経済史家の土屋喬雄が渋沢の死直後に打ち出した「日本資本主義の最高指導者・渋沢栄一」との評価は、今日も大きく揺らいではいない。本書も明治前期に「合本主義」という思想を鼓吹喧伝し、自ら諸産業誕生の産婆役を務めたことには評価を与えた。ただし、「最高指導者」と見ることは、同時に帝国主義的膨張や侵略の責めの一端を負うことになり、そうした観点からの批判的検討も不可欠であることにも触れてきた。

つまり現代的観点から言えば、「国家的公益」に第一義的に奉仕すべき旨をしばしば説いてきた部分や中国・朝鮮に対し、「恩威」的優越的姿勢で臨むかの部分は克服される必要があるだろう。さらにその「論語と算盤」論については、企業（家）倫理一般としてはある程度の効用があるかもしれないが、古色を帯びた道徳的訓戒の部分も少なくない。これらも批判的に再検討されるべき問題点である。

しかし、他方では以下を積極的側面として強調しておきたい。つまり、渋沢の思想は、国家や企業への従属を一方的に説いていただけではなく、改革や現状批判の提言も積極的に行ない、安易に引き下がらない強靭さも備えていた。「官尊民卑」の打破をしばしば語っていた。また、「民間外交」にも積極的で、さらには国家を超える「国際道徳」実現の可能性を（やや観念的ながらも）模索していた。こうした中から、たとえば、渋沢の「公益」論から「市民的公益」を抽出し、その可能性を検討する作業も現代的意味を持つであろう。

時代の「思想」に出会った渋沢栄一は、それを学び、その流れに乗り、それに抗い、一方で新しい「思想」を創りだしてきた。一九世紀半ば以降の日本そして国際社会の多方面に多義的に関わり、かつ疾走してきた渋沢栄一の九一年を顧みることは、過去だけでなく、未来を含んだ時代の思想空間を考えるための問題を多く提供してくれるのである。

近代日本の道徳思想やイデオロギーについて論ずることが多かった筆者が、渋沢栄一研究に関わりを持つようになったきっかけは、二〇〇四年度から三年間にわたり、陶徳民氏（関西大学教授）をリーダーとする「渋沢国際儒教研究チーム」に加わったことである。近代日中の実業家（その代表者として、渋沢栄一と張謇が主に扱われた）が、それぞれの地域で経済倫理の構築、社会公益事業や文化事業支援を行なったことを比較思想史的に捉えようとするこのプロジェクトで、筆者は渋沢栄一の九一年の生涯と渋沢研究の多様な広がりに触れることができた。それによって、渋沢は狭義の「思想家」とは言えないものの、「時代の思想」を継受し、一方で「時代の思想」

を創出し鼓吹しようとした、言わば「時代の思想」を様々な意味で体現している人物と思えるようになっていた。

ちょうどそうした折柄、所属している日本経済思想史研究会で、評伝シリーズの企画が立ち上がり、筆者が「渋沢栄一」を担当することになった。奇縁というほかない。

執筆がなかなか進捗しなかった時に、本評伝シリーズの企画の中心にいた研究会前代表幹事・川口浩氏からは多くの鼓舞激励を受けた。それに後押しされて、ようやく本書はまとめられた面が強い。記して、感謝を申し上げたい。また、丁寧な編集作業をしてくださった日本経済評論社の谷口京延氏、新井由紀子氏にも謝意を表したい。

末尾となったが、写真・図版等の提供をしてくださった渋沢史料館館長・井上潤氏、また渋沢栄一記念財団研究部の木村昌人氏にもお礼を申し上げたい。

二〇〇八年九月二三日

見城悌治

渋沢栄一年譜

西暦（元号）	事　項（一八七二年一二月三日までは陰暦による）
一八四〇（天保一一）年	二月一三日　武蔵国榛沢郡血洗島村（現・埼玉県深谷市血洗島）に、父・市郎右衛門、母・栄の長男として生まれる。
一八四七（弘化四）年	従兄の尾高新五郎（惇忠）から四書等の漢籍を学び始める。
一八六一（文久元）年	江戸に出て海保漁村の塾に入る。また、神田の千葉道場に通い、剣法を学ぶ。
一八六三（文久三）年	一〇月　高崎城占領・横浜居留地焼き討ち計画を中止。従兄・渋沢喜作とともに京都へ出奔。
一八六四（元治元）年	二月　一橋家に出仕。
一八六七（慶応三）年	一月　徳川慶喜の弟・徳川昭武に従い、フランス渡航。
一八六八（明治元）年	一一月　フランスから帰国。 一二月　静岡藩の勘定組頭に就く。
一八六九（明治二）年	一月　静岡にて商法会所を設立し、頭取に就く。 一一月　明治政府（民部省）に仕官し、租税正に就く。
一八七〇（明治三）年	閏一〇月　富岡製糸場事務主任。
一八七二（明治五）年	二月　大蔵省三等出仕。
一八七三（明治六）年	五月　大蔵省を井上馨とともに辞職。 六月　第一国立銀行総監役（七五年一月、頭取）。
一八七四（明治七）年	一一月　東京会議所共有金取締となり、養育院の事務を掌理する。

一八七五（明治八）年
一一月　商法講習所（のちの一橋大学）創設に尽力。

一八七六（明治九）年
一月　東京会議所会頭。
五月　東京養育院および東京瓦斯局の事務長。

一八七八（明治一一）年
三月　東京商法会議所会頭。

一八八三（明治一六）年
一〇月　大阪紡績株式会社設立。

一八九〇（明治二三）年
九月　貴族院議員（翌年一〇月、辞任）。

一八九八（明治三一）年
四月　韓国視察。翌年五月、京仁鉄道合資会社創立、社長就任。

一九〇〇（明治三三）年
五月　男爵、授与。

一九〇二（明治三五）年
五～一〇月　欧米旅行。

一九〇六（明治三九）年
六～七月　韓国視察。

一九〇八（明治四一）年
一〇月　中央慈善協会会長。

一九〇九（明治四二）年
四月　日糖事件。
六月　古稀を機会に、企業および諸団体の五九の役職を辞す。
八～一一月　渡米実業団長として渡米。

一九一二（明治四五）年
六月　帰一協会の成立。

一九一三（大正二）年
一〇月　日本実業協会会長。

一九一四（大正三）年
五～六月　中日実業株式会社の設立を機に、中国を視察。

一九一五（大正四）年
四月　渋沢同族株式会社設立。
一〇月　三回目の渡米（翌年一月帰国）。

一九一六（大正五）年
七月　第一銀行頭取を辞し、実業界の全ての役職を引退。
九月　『論語と算盤』刊行。

一九一八（大正七）年　一月『徳川慶喜公伝』刊行。

一九一九（大正八）年　一二月　協調会創立。副会長に就く。

一九二〇（大正九）年　四月　国際連盟協会会長および日華学会会長に就任。
六月　日華実業協会会長。
九月　子爵、授与。

一九二一（大正一〇）年　一〇月　ワシントン軍縮会議視察のため四回目の渡米。

一九二三（大正一二）年　九月　大震災善後会、副会長に就く。

一九二五（大正一四）年　一〇月『論語講義』刊行。

一九三一（昭和六）年　八月　中華民国水災同情会会長。
一一月一一日　永眠。

主要参考文献

【史資料】


竜門社編『渋沢栄一伝記資料』全六八巻、渋沢栄一伝記資料刊行会、一九五五〜七一年。

竜門社編『渋沢栄一事業別年譜』国書刊行会、一九八五年。

渋沢栄一述、長幸男校注『雨夜譚』(一九〇〇年述)、岩波文庫、一九八四年。

阪谷芳郎編『青淵先生六十年史』竜門社、一九〇〇年。

渋沢栄一『青淵百話』同文館、一九一二年。

渋沢栄一『論語と算盤』東亜堂書房、一九一六年。

渋沢栄一『論語講義』二松学舎出版部、一九二五年。

小貫修一郎『青淵回顧録』上・下巻、青淵回顧録刊行会、一九二七年。

竜門社編『青淵先生訓話集』竜門社、一九二八年。

渋沢栄一『渋沢栄一自叙伝』渋沢翁頌徳会、一九三七年。

渋沢史料館編『常設展示目録』渋沢史料館、二〇〇〇年。


【評伝・研究書】


白石喜太郎『渋沢栄一翁』刀江書院、一九三三年。

白石喜太郎『渋沢翁の面影』四条書房、一九三四年。

幸田露伴『渋沢栄一伝』岩波書店、一九三九年。

渋沢秀雄『渋沢栄一』時事通信社、一九六五年。

渋沢雅英『太平洋にかける橋――渋沢栄一の生涯――』読売新聞社、一九七〇年。

土屋喬雄『続日本経営理念史』日本経済新聞社、一九六七年。

森川英正『日本型経営の源流』東洋経済新報社、一九七三年。

土屋喬雄『渋沢栄一』吉川弘文館、一九八九年。

木村昌人『渋沢栄一――民間経済外交の創始者――』中公新書、一九九一年。

藤井賢三郎『評伝渋沢栄一』水曜社、一九九二年。

小野健知『渋沢栄一と人倫思想』大明堂、一九九七年。

佐野眞一『渋沢家三代』文春新書、一九九八年。

王家驊『日本の近代化と儒学』農山漁村文化協会、一九九八年。

渋沢研究会編『公益の追求者・渋沢栄一』山川出版社、一九九九年。

宮本又郎『日本の近代11　企業家たちの挑戦』中央公論新社、一九九九年。

三好信浩『渋沢栄一と日本商業教育発達史』風間書房、二〇〇一年。

坂本慎一『渋沢栄一の経世済民思想』日本経済評論社、二〇〇二年。

宇田川勝『日本の企業家史』文眞堂、二〇〇二年。

島田昌和『渋沢栄一の企業者活動の研究』日本経済評論社、二〇〇七年。

于臣『渋沢栄一と〈義利〉思想』ぺりかん社、二〇〇八年。

見城悌治・陶徳民・姜克實・桐原健真編『近代東アジアの経済倫理とその実践』日本経済評論社、二〇〇九年刊行予定。

片桐庸夫「渋沢栄一と中国①②」『渋沢研究』第一五、一七号、二〇〇二、二〇〇四年。

島田昌和「経済立国日本の経済学――渋沢栄一とアジア――」『岩波講座「帝国」日本の学知』第二巻、岩波書店、二〇〇六年。

李廷江「渋沢栄一と近代中国」（陶徳民・藤田高夫編『近代日中関係人物史研究の新しい地平』雄松堂出版、二〇〇八年）。

人名索引

【著者紹介】

見城 悌治（けんじょう・ていじ）

1961年：群馬県に生まれる。

1985年：立命館大学文学部日本史学専攻卒業。

1990年：立命館大学大学院文学研究科史学専攻日本史学専修　博士後期課程単位取得退学。

1996年：千葉大学留学生センター講師。

現　在：千葉大学国際教育センター／大学院人文社会科学研究科　准教授。

主要著作：『戦争の時代と社会――日露戦争と現代――』（共著，青木書店，2005年），『近代東アジアの経済倫理とその実践』（共編著，日本経済評論社，近刊），『近代報徳思想と日本社会』（ぺりかん社，近刊）。

渋沢栄一　　〈評伝・日本の経済思想〉

「道徳」と経済のあいだ

2008年11月20日　第1刷発行　定価（本体2500円＋税）

著　者　見　城　悌　治

発行者　栗　原　哲　也

発行所　株式会社　日本経済評論社

〒101-0051　東京都千代田区神田神保町3-2

電話 03-3230-1661　FAX 03-3265-2993

info@nikkeihyo.co.jp

URL: http://www.nikkeihyo.co.jp

装幀＊渡辺美知子　　印刷＊文昇堂／製本＊山本製本所

乱丁落丁本はお取替えいたします。　Printed in Japan

ISBN978-4-8188-2024-1

【刊行の辞】

日本経済思想史研究会は一九八三年に発足し、以来四半世紀、日本経済思想史という学問の発展を目指して活動してまいりましたが、このたび「評伝・日本の経済思想」シリーズを世に問うこととなりました。本シリーズの目標は、一冊ごとに一人の人物を取り上げ、その生涯をたどりつつ、その人物の経済思想をその人の生きた時代の中に位置づけ、理解することです。日本人の伝記のシリーズは、これまでにもいくつか公刊されておりますが、経済思想に焦点を当てたものは本シリーズが初めてであろうと自負しております。

本シリーズでは、著名な学者・思想家といった知識人を取り上げるとともに、経済活動の現場に身を置いた企業者、日本経済の将来を構想し経済政策を立案・実行した政策者にも光を当てることに努めました。しかし、企業者や政策者の考えていたことを分析的に理解し、それを再構成し、しかも分かりやすい形で叙述することは、むずかしい課題であることは否めません。本シリーズは、不十分ながらも、そうした方向への一つの試みでもあります。

日本の学界には、日本経済史という領域があり、他方では、主に西洋の経済思想や経済学を取り扱ってきた経済学史という分野も存在します。このためか、経済史や経済学史とある部分では重なりつつ、しかし、どちらに対しても一定の独自性を有するはずの日本経済思想史という領域は、残念ながら、未だしの感をぬぐいきれません。本シリーズが、研究者や学生はもちろん、広く多くの方々の座右に置かれるようになることを切望してやみません。

日本経済思想史研究会代表幹事・早稲田大学教授　川口　浩

▶評伝・日本の経済思想◀

寺出道雄（慶應義塾大学）『山田盛太郎』＊
池尾愛子（早稲田大学）『赤松　要』＊
中村宗悦（大東文化大学）『後藤文夫』＊
上久保敏（大阪工業大学）『下村　治』＊
落合　功（広島修道大学）『大久保利通』＊
藤井隆至（新潟大学）『柳田国男』＊
見城悌治（千葉大学）『渋沢栄一』＊
大森一宏（駿河台大学）『森村市左衛門』
齋藤　憲（専修大学）『大河内正敏』
清水　元（早稲田大学）『北　一輝』
西沢　保（一橋大学）『福田徳三』
小室正紀（慶應義塾大学）『福澤諭吉』
仁木良和（立教大学）『岡田良一郎』
川崎　勝（南山大学）『田口卯吉』
山本長次（佐賀大学）『武藤山治』

＊印は既刊